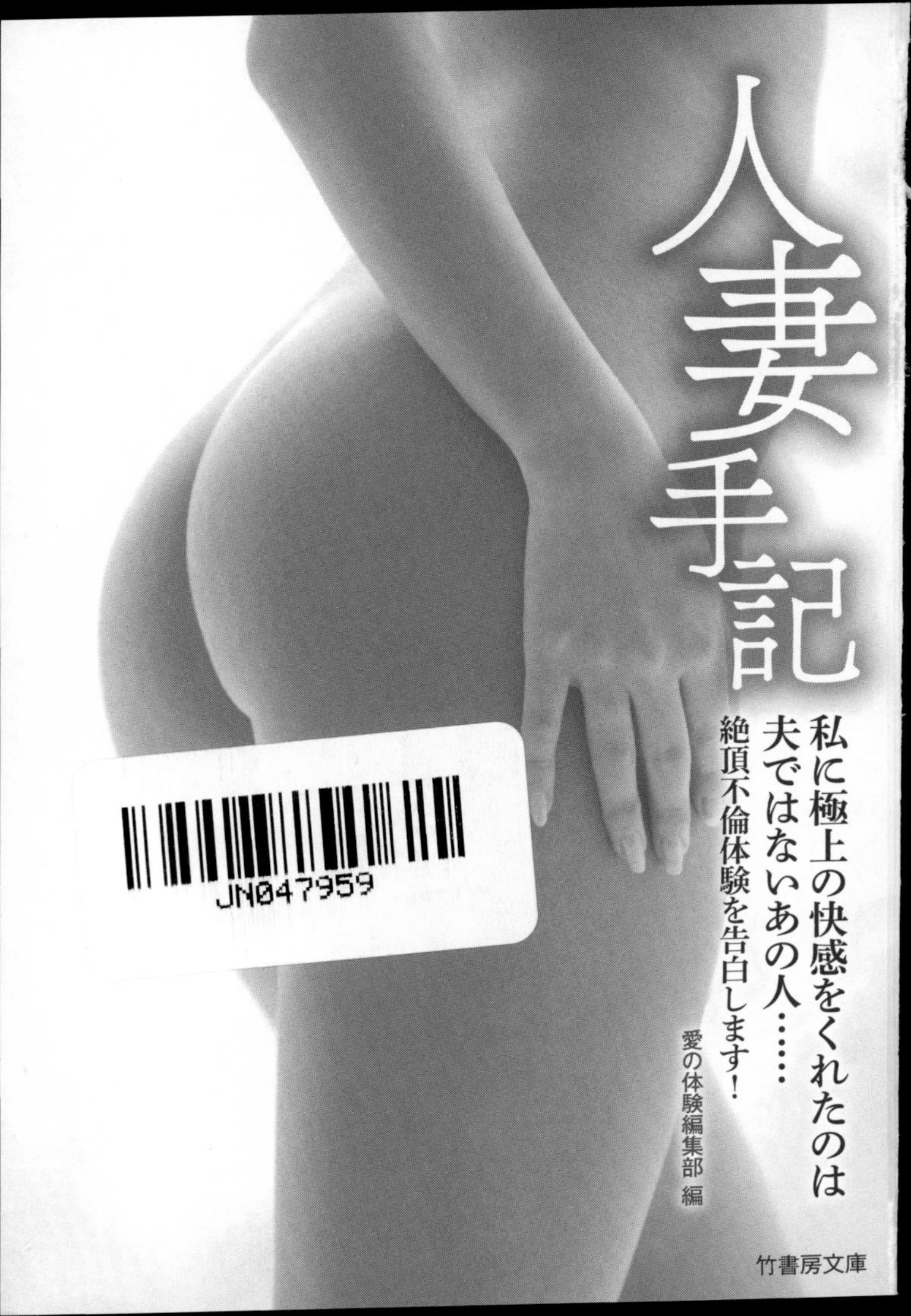

人妻手記

私に極上の快感をくれたのは
夫ではないあの人……
絶頂不倫体験を告白します！

愛の体験編集部 編

竹書房文庫

第一章　激しくむさぼる快感

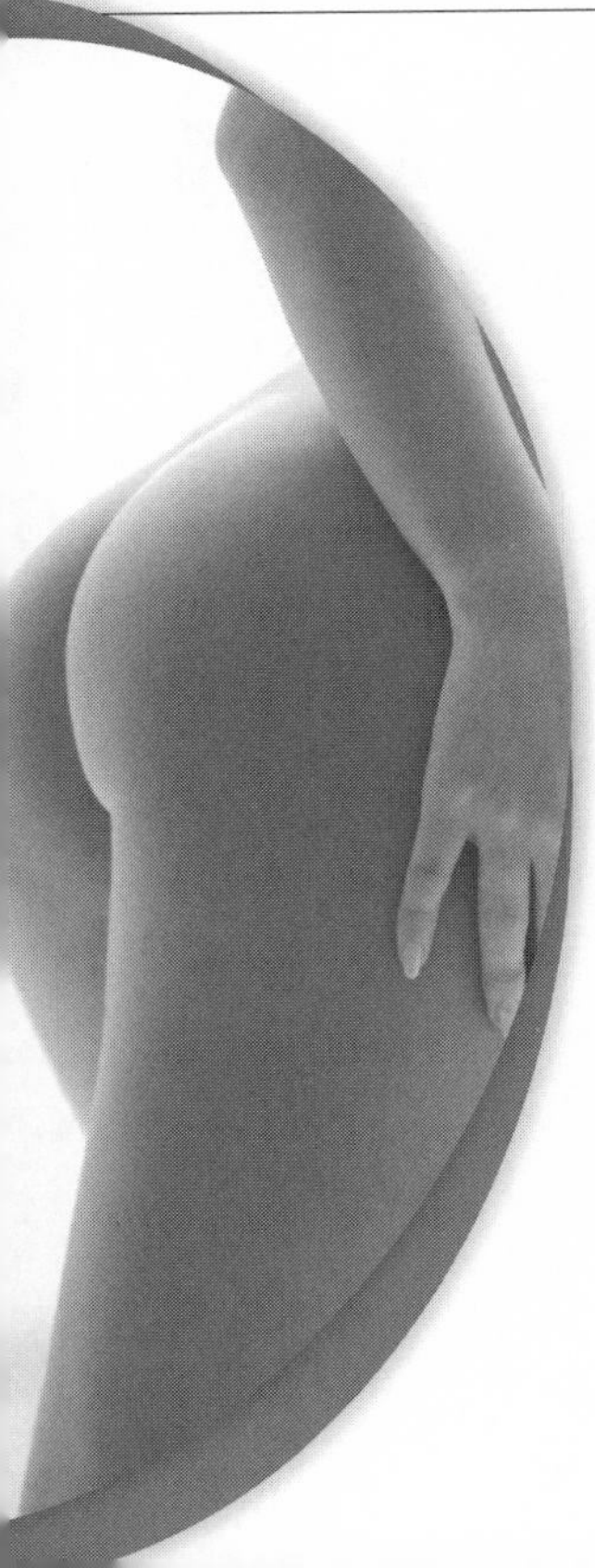

第二章 甘くとろける快感

第三章 熱く乱れる快感

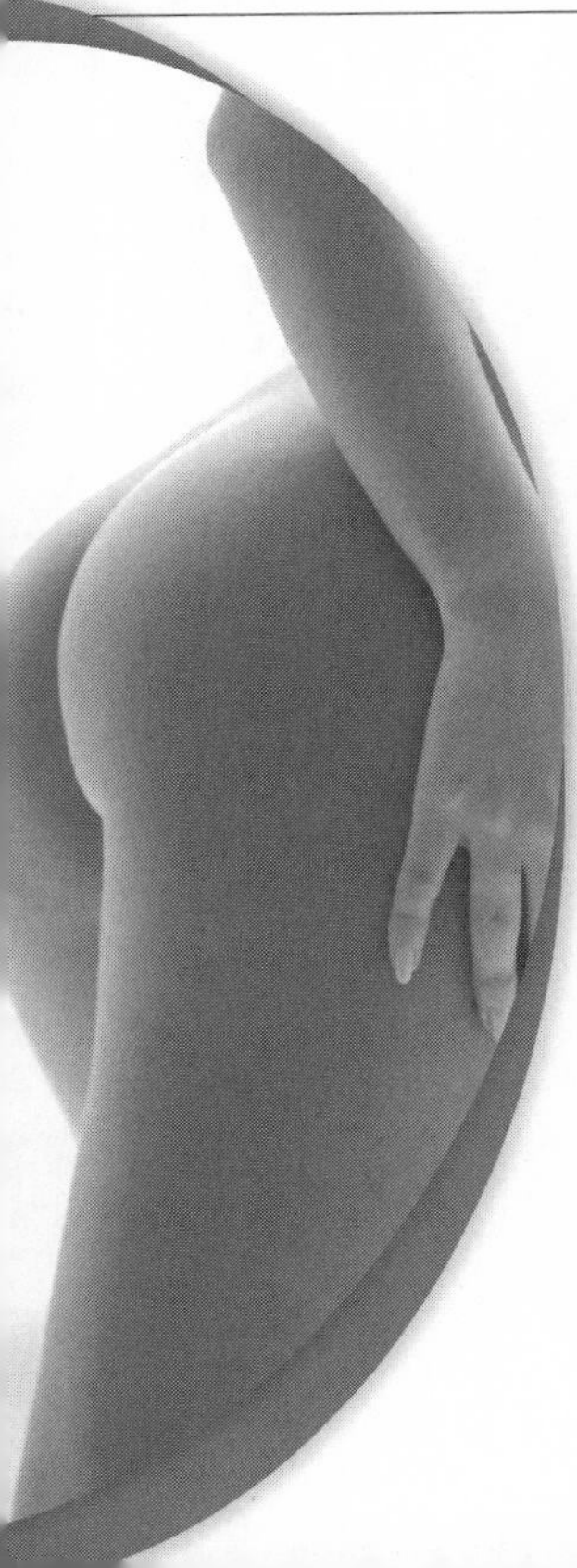

第四章
淫らに燃える 快感

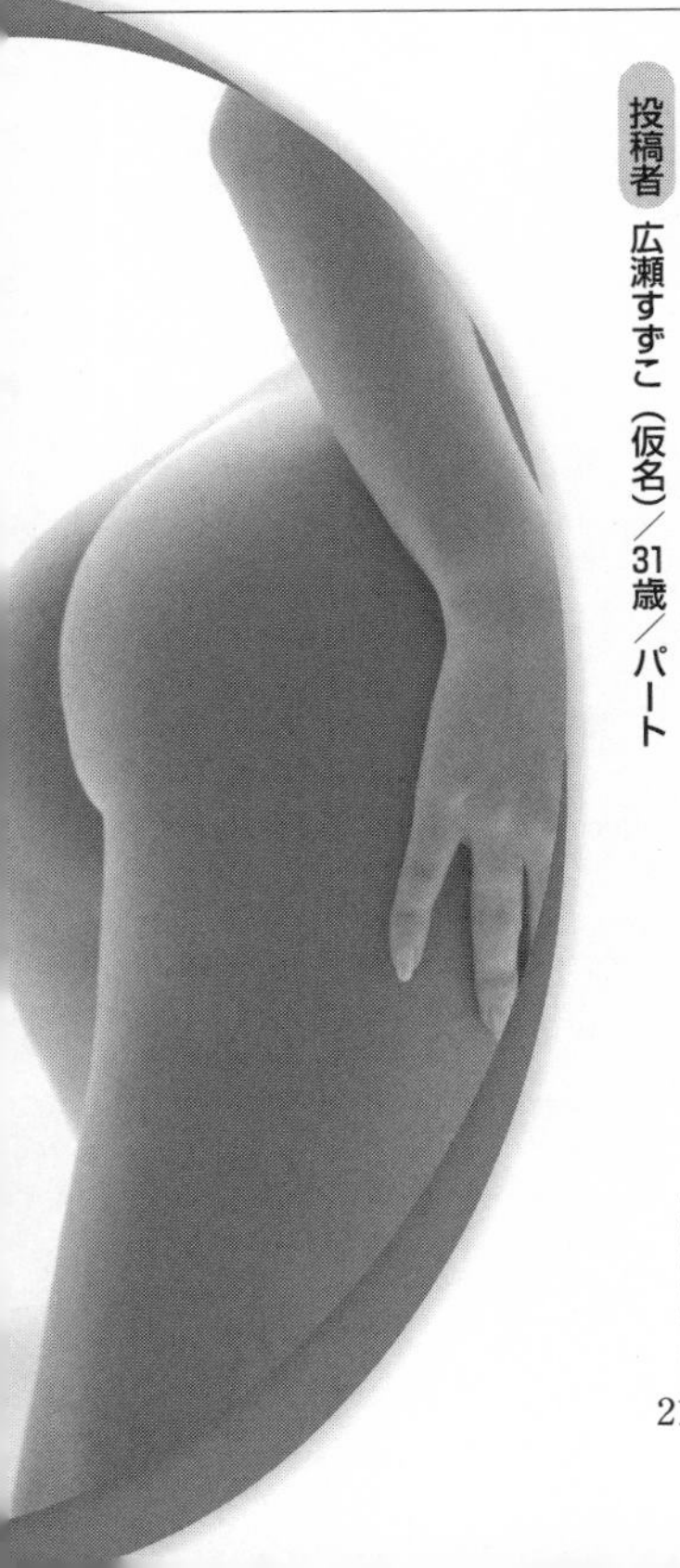

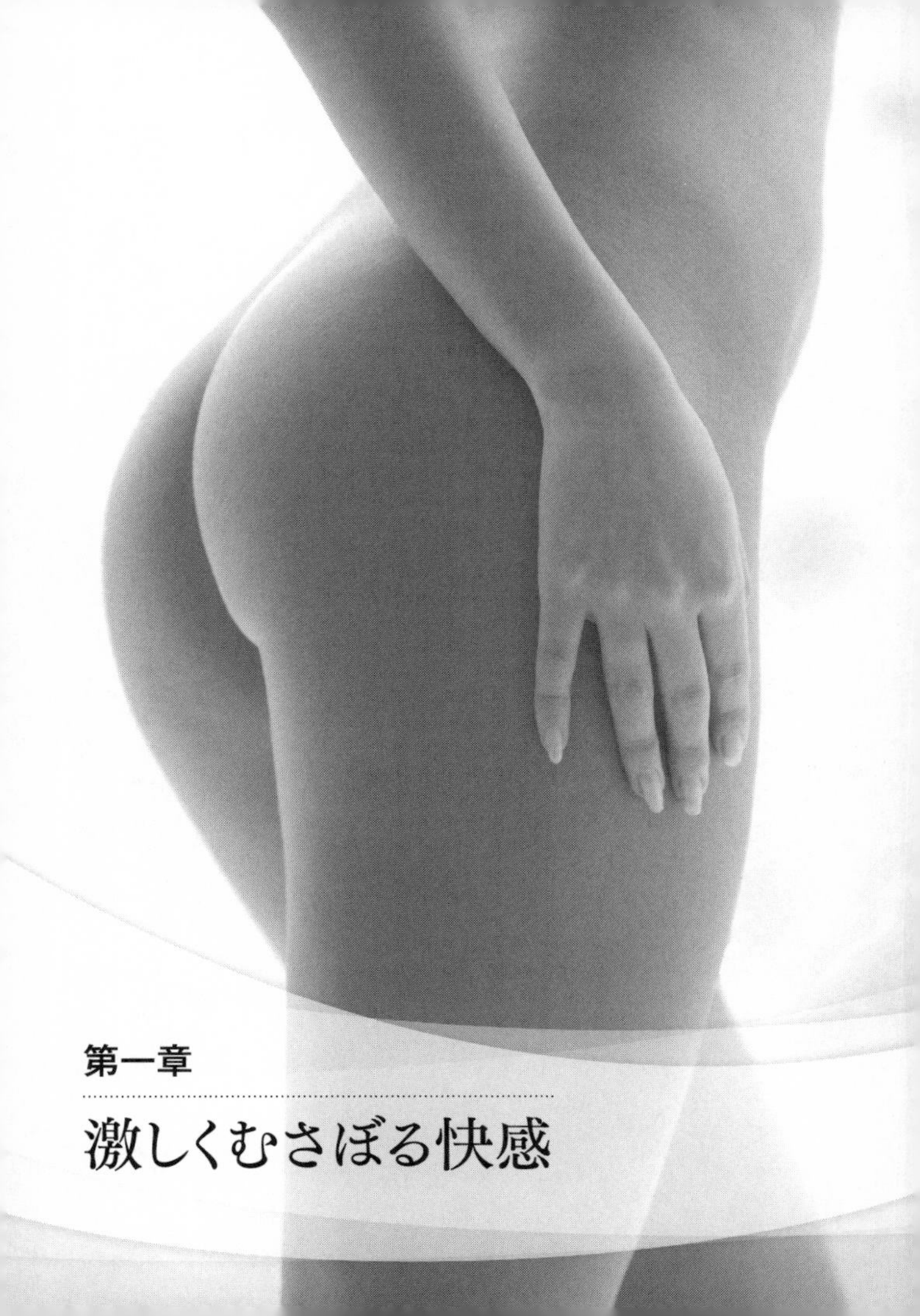

第一章

激しくむさぼる快感

■義父のペニスは力強く隆々とそそり立ち、まるで今にも襲いかからんばかりに……

長年の義父への想いがついに淫らに弾けた禁断のあの日

投稿者 三谷架純（仮名）／29歳／専業主婦

「ねえ、架純、会ってほしい人がいるんだけど……いいかな？」

そう母が言ってきたのは、私が中一のとき。

父が病気で亡くなって、丸三年が経った頃でした。

「うん、別にいいけど……」

「そう、よかった」

そしてすぐにその週の日曜日、母は一人の男性を家に連れてきました。

「お母さん、この人と再婚したいと思ってるんだ。どうかな？」

当時、まだ三十三歳の母がそう言って連れてきた男性は、母よりも五つ年下という若さで、正直、私はちょっとびっくりしてしまいました。

父が死んでもう三年、まだまだ若い母がそろそろ再婚を考えるのは自然なことでしょうし、私もそれを受け入れ、祝福するつもりでいましたが……まさか、私とさえひと回りちょっとしか離れていない、そんな若い相手を連れてくるとは。

でも私は、ニッコリ笑って答えていました。

「……うん、いいんじゃないかな。お母さんが選んだ人なら」

「架純ちゃん、ありがとう。お母さんと架純ちゃんを幸せにできるよう、僕、がんばるからね」

義父となる雅之さんは、おだやかな笑みを浮かべながら、そう言いました。

雅之さんは某有名私大を出た後、一部上場の大手企業に就職しているエリートで、見た目も爽やかでかっこよく、最初は、生保レディーをしている母とは顧客として知り合い、その後お互いに惹かれ合うようになり……というなれそめでした。

最初こそ、そのあまりの若さゆえにちょっと抵抗があった私でしたが、晴れて母と結婚し、義理の父娘として生活を共にしているうちにそれもなくなり、家族としてどんどん馴染んでいきました。

ところがそのうち、そのスタンスに驚くべき変化が生じていきました。

なんと、実は私、いつしか雅之さんのことを父親ではなく、一人の異性として意識するようになってしまっていたんです。

最初にそれを強烈に自覚したのは、私が高三の十八歳の頃。雅之さんは三十三歳でした。普段何食わぬ顔で家族として接していながらも、私は、まさに男盛りでたくましい肉体を持ち、濃厚なオスのフェロモンを発散しまくる雅之さんにメスとして反応し、日々密かにカラダを疼かせるようになりました。それこそ当初は雅之さんのことを思い浮かべながらイケナイひとり遊びに興じていたのが、いつしかそれでは治まらなくなり、こっそり洗濯物入れから雅之さんのブリーフを持ち出し、それを使ってオナニーするようになりました。適当な大きさの棒状のモノをそのブリーフで包み持ち、それを股間に押しつけ、ねじり込み、出し入れして……。

「あ、あん、雅之さんっ……あ、んあっ、あひ……」

夜な夜な自室のベッドの上で悶々とよがる私がいました。

でも、それからしばらくすると、その淫らな昂りも少しずつ落ち着きを見せるようになりました。私は大学生となり、彼氏ができて……なるべく義父のことは考えないように努め、世間並みにプライベートを充実させていった末に二十五歳で結婚し、家を出ることとなりました。

私の結婚生活はまあまあ順調で、これでもう雅之さんのことを忘れることができる……ちょっと寂しいけど、そう思って胸を撫で下ろしていたんです。

ところが去年、思いがけないことが起こりました。

なんと母が交通事故で急逝してしまったんです。享年四十九歳でした。

義父は……雅之さんは、四十四歳でひとりぼっちになってしまいました。その憔悴ぶりたるやあまりにも痛々しいもので、初七日を過ぎても生けるしかばねのような有様……会社を休職し、家に一人閉じこもって母を亡くした悲しみに暮れ、まともに食事もとっていないようでした。私も放っておくことができず、夫の了承を得た上で実家に通い、雅之さんの身の回りの世話をするようになりました。

すると、自分でも予想していなかったことが起こりました。

そうやって足しげく通い、義父の世話をしているうちに、もうとっくに忘れ去ったはずの、あの熱い想いがよみがえってきたんです。

義父が……雅之さんが、好き。

この悲しみのどん底に沈み込んでいる彼のことを、私が、私の力で掬い上げてあげたい。お母さんのことを忘れさせてあげたい……！

いったんそう強く思うと、もうモラルも何もなく、自分を止められませんでした。

私は、居間でボーッとテレビを観ている雅之さんの目の前に立ちはだかりました。

服は着ていません。

すると、最初死んだような目をしていた雅之さんでしたが、一転、目の色が変わり

ました。そして、

「か、架純ちゃん、何をやってるんだ？　早く服を着なさい！」

と言いましたが、私は引きませんでした。

「いやよ！　私、お父さんに抱いてほしいの！　ほんとは昔からずっと好きだったんだよ！　ねえ、お父さん……抱いてっ！」

そうすがるように言うと、雅之さんに抱きつきました。そして無理やりキスし、舌をその口内に差し込むと、雅之さんの舌にねっとりとからめながら、ジュルジュルと唾液を啜りあげました。

「……ん、んんっ……うぐぐ……はぁっ……」

最初は抵抗を示したものの、まだまだ憔悴し、満足に食事もとっていない雅之さんの体は力なく、どんどん私の勢いに呑み込まれていきました。

私がその口に乳房を押しつけると、最初は遠慮気味に、でも次第にその吸引にも力感が出てきて、乳首をチュウチュウ、ベロベロと激しく吸い舐め、私の乳腺に快感を送り込んできました。

「……あっ、ああ……いい、いいわ……んあぁ、あ……」

「あ、ああ……架純ちゃん……」

次第に生気を取り戻し、男としてのエネルギーをよみがえらせていく雅之さん。私はその服を脱がし、裸に剝いていきました。すると、肉体自体はそれなりの加齢と、ここ最近の栄養状態の悪さとで筋肉も落ち、しなびたような状態でしたが、それに反してアソコは……股間の男性のシンボルは力強く隆々とそそり立ち、まるで今にも襲いかからんばかりに鎌首をもたげた獰猛な毒蛇のように、私のほうに向き合ってきました。

「ああ、お父さんっ、お父さん……！」

それを目の当たりにするや、一気に私の中の義父に対する肉欲が燃え上がってしまい、私は勃起したペニスにむしゃぶりついていきました。そして亀頭をねぶり回し、首を激しく振って竿をバキューム・フェラして……足掛け十年以上にも及ぶ義父への想いを炸裂させたのです。

「あ、ああっ、か、架純ちゃん……んあっ、ああ、ああう……」

雅之さんは恍惚とした表情でそう喘ぎながら、私の口内でますます肉の昂りを固く激しくしていきました。

私は自分の唾液と義父の淫らな粘液が混じり合った透明な糸を引かせながら、チュポンと口からペニスを離すと、あられもなく懇願していきました。

「お父さん、入れてっ！　お父さんのこのオチン○ンで、私のオマ○コ、めちゃめちゃに搔き回してぇっ……！」

「あ、ああ……架純ちゃんっ……！」

ぐぐっと義父の肉塊が入ってきました。

私の肉ひだをえぐり搔き回し、奥の子宮に届かんばかりに深く激しく、何度も何度も突いてきて……！

そして、いよいよクライマックスが。

「ああっ、架純ちゃん、イク……イクよ～～～～っ！」

「ああん！　お父さん……きてきて、きてぇ～～～～っ！」

私たちは、ほぼ同時に果てていました。

ああ、とうとう私、雅之さんとこんなことに……どうしよう……？

と一応、インモラルな過ちをしでかしてうろたえたような顔をしながら、その実、満足感たっぷりに微笑む私がいたのでした。

お父さん、ずっと私がそばにいるよ。

■あたしは自らパンストを膝までずり下ろし、つやつやと赤く艶めく肉ビラを……

課長の次は同期のカレと…世にも楽しい不倫エッチ生活

投稿者　前川美憂（仮名）／OL／26歳

あたし、去年結婚したばっかの新婚なんですけど、バリバリ会社の上司や同僚と不倫しちゃってます。

あ、ダンナのことはもちろん、愛してますよ～。イケメンで、某大手商社勤めの高収入エリートで、しかもエッチの相性もバッチリで。

え？　じゃあ何でそんな節操なく不倫してるのかって？

そんなの決まってるじゃないですか～。

夫婦のエッチと不倫のエッチは、ベ・ツ・バ・ラ？

ダンナとのエッチは、愛に裏打ちされた深みのあるカイカン。

不倫のエッチは、スリルと背徳感に溢れた刺激的なカイカン。

このTPOに合わせた『イキくらべ』を楽しむのが醍醐味なワケです。

あ、そんなこと言ってる場合じゃないわ！　今日はこれから、お昼休みのわずかな時間を惜しんで、宮下課長（四十二歳）と社内エッチすることになってるんです。

ほら、急げ〜！

「遅いよ〜、みゆちゃん〜！　昼休み、あともう十五分しかないよ〜？」

私が慌てて人気のない会議室に飛び込むと、宮下課長がドアのカギをロックしながら、すねたような口調で言いました。

「ごめんなさ〜い！　でも大丈夫！　課長、あたしのフェラテクの凄さ、知ってるでしょ？　あっという間にビンビンに立たせてあげますから、ノープロブレム！」

「うんうん、そうだったね！　じゃあ、早速よろしく頼むよ」

宮下課長はにやけた顔で言うと、カチャカチャとベルトを外してズボンと下着を下ろし、下半身丸出しの格好で会議テーブルの縁に腰かけました。

あたしは、九十度ぐらいに開いた課長の両脚の間にひざまずくと、もうすでに大きくなりかかってるペニスをパクリと咥え込みました。そして、長年のオトコ遊びの蓄積の中で鍛え上げたテクを、これでもかと繰り出します。

自慢の長い舌をねっとりネロネロとからめるようにして亀頭全体をくまなくねぶり回し、時折、舌先をすぼめ尖らして、オシッコの出る穴をドリルのようにグリグリとほじくってあげます。

「お、おお……おおお～～～っ、いいよ、みゆちゃ～ん……！」

半ば目を閉じて恍惚の表情の課長が、情けなくもかわいらしい声で喘ぎます。でも、同時に自分の役割も忘れず、両手を伸ばして私のＯＬ制服のボタンを外すと、その下の白いブラウスにも手をかけ……その前もはだけると、ブラも剝ぎ取ってしまいました。そして剝き出しにされた私のオッパイを摑んで、ゆっくりと揉みしだきながら、同時に乳首もコリコリ、キュッキュッと摘まみ、こね回してきて……。

「……んあっ、はぁ、あ……あぐっ、んふぅ……」

繰り出される課長の熟練の指戯からもたらされる快感に喘ぎながらも、私はフェラ技のボルテージを上げ、より濃厚にペニスを責め立てていきます。

今や完全にギンギンに勃起し、太い血管がウネウネと浮き出した極太の長い竿を上下に何度も舐め上げ、舐め下ろし、しゃぶり回して……たっぷりとした玉袋もパックリと咥え込むと、口内でクチュクチュ、コロコロと、吸引力と舌戯を駆使して追い込んでいって。

「うひょ～～！　た、たまらん……相変わらずすごすぎるよ、みゆちゃんっ！　オレもう限界かも……くうっ！」

チュポンッ！　と、あたしの唾液まみれ、課長のガマン汁まみれになったペニスを口から離すと、あたしもおねだり口調で声を張っていました。

「あ～ん、課長～っ！　あたしもしゃぶってるうちに、お股ズブズブになっちゃいました～……早くこの立派なオチ○ポ、入れてくださ～い！」

あたしはその場に立ち上がると、自らスカートをめくり上げ、パンストを膝までずり下ろし、ビチョビチョに濡れて黒光りしている茂みを掻き分けて、つやつやと赤く艶めく肉ビラを課長に見せつけてやりました。

「ああ～っ、みゆちゃ～ん！」

課長は鼻息も荒く、あたしをうしろ向きにして会議テーブルに両手をつかせると、背後からガッシリと両の尻肉を掴んできました。そしてあたしの濡れたソコに固く熱い肉感を押し当ててくると、次の瞬間、ズブズブッ！　とたぎる挿入感が、股間を貫いてきました。

「……んあっ！　はぁ、あ、あうん……くはっ！」

「ああ、みゆちゃん……みゆちゃんの中、トロトロに熱くて狭くて……チ○ポとろけちゃいそうなくらい、気持ちいいよ～～～！」

「あ、ああっ！　か、課長……あ、あたしもっ……あたしもイイッ！」

課長のピストンが勢いを増し、ますますスピードを上げてあたしのアソコで打ち砕け、奥へ奥へと攻め込んできます。

そして次の瞬間、あたしの内部で課長の肉圧が、グワッと一気に極限まで高まるのが感じられました。

「ああっ、課長っ……そ、外でっ……！」

「う、ううく……んんっ！」

まさに間一髪で課長はペニスを引き抜き、あたしは絶頂にイキ悶えながら、腰の辺りに盛大に吐き出される精液の熱いほとばしりを感じていました。

「ふぅ～っ……今日もよかったよ、みゆちゃん。これ、ほんのキモチだけど、はい、おこづかい。またよろしく頼むよ」

「わあ、いつもありがとうございます、課長！」

あたしは援交をしているつもりはありませんが、課長の気持ちは素直に受け止め、ありがたく渡された一万円をポケットにしまいました。

スマホで時間を見ると、昼休みの残り時間はあと五分。余裕でセーフです。

あたしは課長が出ていったあと、少し時間差で会議室を出ました。幸い、辺りには誰もおらず、自分の課へ戻ろうとしたのですが、そのとき、

「おい、美憂。なんだ、今日は課長とヤッちゃったのか」

と、同期の男性社員・久保田くんが声をかけてきました。

あちゃ〜っ、見られちゃったかぁ〜〜〜……。

「いったい俺の相手は、いつしてくれるんだよ？　え？」

宮下課長とは違い、ちょっと不良少年っぽいグレたかんじで言うのが、これはこれで、またいい感じ！　でも実際は、カレちょっとマゾ入ってて、あたしとしては女王様チックな女性上位プレイが、久保田くんとの不倫エッチの魅力なんです。

「う〜ん、そうだな〜……来週の後半ぐらいでどう？　それまでガマンできる？」

「ら、来週の後半な……絶対だぞ！　約束な！」

「はいはい、それまでいい子にしてるのよ」

あたしは彼の前を通りすぎざま、ズボンの上からキュッと股間を摑んでやりました。

なんと驚いたことに、ソレは勃起していました。きっと、あたしと課長のエッチを想像して立っちゃったのでしょうね。

カッワイイ〜〜〜？

こんなに楽しい不倫エッチ生活、当分やめられそうにありません。

■私たちは相互口淫プレイでひたすら貪欲にお互いの性の美味を味わい、堪能して……

バス利用仲間の彼との最高の思い出エクスタシー

投稿者　桐谷玲奈（仮名）／32歳／パート

週に三回、バス通勤でパート勤めに出ています。

私の忘れがたい思い出となった体験談を聞いてください。

私はパートの日、朝九時からの始業に間に合うよう、自宅最寄りの停留所を八時十五分に出るバスに乗るのですが、半年ほど前からある一人の男性のことが気になるようになりました。

その人は年の頃は私と同じ三十代前半ぐらいで、いつもきちんとスーツを着こなしているので、おそらくサラリーマン。けっしてイケメンというかんじではないけど、やさしい顔立ちで親しみの感じられる好印象の人でした。私がバスに乗るのは週に三日ですが、彼はもちろん、毎日乗って会社に行っているはずです。

私が乗るとき、彼はすでに先に乗っているのですが、毎朝まあまあ込み合っている車内で、なぜか二人掛け席に座る彼の隣りだけが空いていることが多く、自然と私もそこに座る頻度が高くなりました。そしてそうやって頻繁に隣りに乗り合わせていると、自然に目礼を交わし、そのうち言葉に出して「おはようございます」と挨拶を交わすようになりました。

それからあとは、私が下車する停留所までの十五分間、ごく当たり障りのない会話を交わすようになるまで時間はかからず、いつの間にか私も、パート出勤朝のそんな彼とのひとときを、楽しみに感じるようになっていったのでした。

そんなある日のことでした。

私は朝からあまり体調がよくなく、でも今日の職場はシフトの谷間で人が少ないこともあって休むわけにはいかず、無理を押して通勤バスに乗り込みました。

そして例によって空いていた彼の隣りに座ったのですが、いつもなら楽しいはずの彼との会話も、今日ばかりは体調のせいもあってまったく弾まず、私が黙り込むことが多くなっていきました。さらにそのうちゾクゾクと寒気を感じ、じんわりと脂汗まで流れてくる始末です。

すると、それを心配した彼が声を低めて聞いてきました。

「大丈夫ですか？　相当気分悪そうですよ？」

「え、あ、はい……いえ、だ、大丈夫です……」

と、私は辛うじて答えたものの、自分でもそのたどたどしく、無理やり搾り出したような声の力の無さに、悲しくなってしまうくらいの具合の悪さでした。

そのとき、隣りの彼が思わぬ行動に出ました。

「すみませーん、降りまーす！　停めてくださーい！」

と、乗降客が一人もいなかった停留所を通過したばかりの運転手さんに向けて、大声で叫んだのです。

本当は規定違反かもしれませんが、運転手さんは彼のその呼びかけに咄嗟に反応し、バスを停めてくれました。

「ありがとうございます！　さ、降りましょう！」

ますます体調が悪化し、グッタリとした私を抱きかかえるようにして彼は座席を立ち、開いたドアからバスを降りました。そこに私の意思はひとつも介在していませんでしたが、一言も文句を言わず従ったところを見ると、彼の判断と行動は正しかったのでしょう。

さて、問題はバスを降りたあとです。

私は意識朦朧としてしまい、しばらくの間、まったく記憶がないのですが、ようやく目が覚めたとき、なんとホテルらしき建物の一室にいたのです。

「あ、やっと起きたね。気分はどうですか？」

「え、あ、はい……よ、よくはなりましたけど……なんでこんなところに……？」

私は特段乱れてもいない着衣を整えながら、訊ねました。すると、

「慌ててバスを降りたはいいものの、とりあえずあなたが横になって休める場所を探さなきゃって思って……でも、辺りにこんなラブホテルぐらいしかなくって、仕方なく……気を悪くしたらゴメン」

彼は申し訳なさそうにそう言いましたが、私は、会社もあるだろうに私のためにこまで骨を折ってくれたことに感じ入り、むしろ心がキュンとしていました。

「いえ、気を悪くするだなんて……そっちこそ、お仕事もあるだろうに私なんかのためにこんな……ありがとうございます」

「仕事なら、あなただって……」

「私なんてしがないパートですから……」

「しがないパートだなんて、そんな……あなたは、とっても魅力的で……僕は、あなたに会える朝が本当に楽しみだったんですよ」

「え……そ、それは、私だって……」

私たちの会話は、いつしか思わぬ愛の告白合戦のような様相を呈してきました。普

段ほとんど意識していなかったけど、実はいつの間にか深く抱き合っていた素直なお互いの気持ちを話せば話すほど、二人の間の距離は心身ともに急激に近づいていってしまうようでした。

「名前、訊いてもいいですか？　私、玲奈っていいます」

「僕は翔平。二刀流のメジャーリーガーとは大違いだけど……」

「そんな、あなただってすてきよ」

「玲奈さん」

「翔平さん……」

もう、それ以上の言葉はいりませんでした。

私たちはお互いの服を脱がせ合うと、双方裸になりました。そしてどちらからともなく手を引いて、バスルームへと向かいました。

シャワーの栓をひねってお湯を浴び全身を濡らしたあと、泡立てたボディソープを手にとって、お互いの体を洗いながら愛撫し合いました。彼の体は、ちょっとメタボが入ってきたうちの夫に比べて、引き締まって筋肉質でした。

「翔平さん、たくましくて、とてもすてきなカラダだわ……」

「玲奈さんだって、色白で、惚れ惚れするような美しいプロポーションですよ」

「そんな……今五歳になる息子を産んで以来、体の線が崩れちゃって……」

「全然そんなことない……最高にすてきだ」

彼の手が泡を含みながら私の乳房をニュルニュルと揉み立て、こねくり回し、私はその生温かい快感に恍惚としながら、彼のたくましい胸筋も同じように愛撫しました。

意外にかわいらしい小粒の乳首がヒクヒクと震えて反応します。

「あ、ああ……玲奈さん……」

さらに私は手を下のほうに伸ばすと、もうかなり勃起してきているペニスを摑み、泡をくまなく塗り延ばした上で、ニュルニュル、クチュクチュと濃厚にしごき、入念に愛撫してあげました。

「はぁ……すてき！　こんなに固くて大きいオチン〇ン、はじめてっ！」

「はぁ、はぁ……あ、ああ……れ、玲奈さん……」

彼も息を荒げて感じながら、指を私のワレメにニュルンと滑り込ませると、チュクチュク、ニュブニュブと淫靡な音を立てながら抜き差しを始めました。お互いの性器を淫らに可愛がり合う、いやらしい私たち。

「あ、ああん……いい、いいわ……翔平さんっ……」

「はぁ、はぁ……んあっ、ああ……れ、玲奈さんっ……！」

いい加減かなり昂り合った私たちは、お互いにアイコンを交わすと、シャワーのお湯で双方の体の泡を流し始めました。そしてきれいさっぱりとしてからベッドルームへと向かい、キングサイズの大きなベッドの上に倒れ込みました。

仰向けになった私の上に覆いかぶさると、彼は唇を重ねてきました。最初は愛おし気に小鳥のようにチュッ、チュと私の唇をついばむと、次いでじっくりと吸い合って……いよいよ彼の舌が私の唇を割って這い入ってくると、お互いに激しく舐め啜り合うディープキッスへと高まっていきました。

「んあっ、はぁ、あぶ……んぶ、んじゅぶ……ああ、玲奈さん……」

「んんんっ……んぐ、うぶぶ……翔平さんっ！」

そしてお互いの唇と舌は、いつしか双方の全身を舐め合い、しゃぶり合い、味わい合い……めくるめく快感の末にどうしようもなく興奮してしまった私は、たまらず彼のペニスにむしゃぶりついていました。すると、負けじと彼も私のアソコに吸いついてきて……シックスナインの体勢になっての相互口淫プレイに突入した私たちは、ひたすら貪欲にお互いの性の美味を味わい、堪能しました。

もはや私のソコは洪水のように溢れ出る愛液でドロドロの決壊状態、彼の肉棒も今にも破裂せんばかりにギンギンに膨張し、滲みこぼれ出る先走り液でダラダラに濡れまみれて……さすがにもう限界です。

「ああ、きて……翔平さん……私の……ココに……！」

「玲奈さん！　……ああ、今いくよ……ううっ！」

「……あ、あ、あ……あああっ！」

待ちかねた肉塊の圧力が私のアソコの淫肉を穿って突き入れられ、続いて世にも激しいスピードで、深く、強く、魅惑の出し入れを繰り返して……見る見る昂るエクスタシーに、私の全身は大きく海老反りながら悶え、弾けまくっていました。

そしてやがて、一段と彼のペニスの固い肉圧が高まり、ピストンが極限まで勢いを増したと感じた次の瞬間、私はイキ果て、彼も私のお腹からヘソ上にまでかけて、盛大に精を解き放っていました。膣外射精してくれたのです。

結局その日、私はパートを無断欠勤してしまったのですが、普段の勤務態度がよかったおかげか、大事には至りませんでした。

でも悲しいのは、その後しばらくしてから彼の姿がバスの中から消えたこと。仕事が変わったのか、それとも他の理由があってのことか……詳細は知る由もありませんが、あの最高の思い出の一日を、私は一生忘れることはないでしょう。

■衣服の布地を通して、彼の肉根の固さと、あたしの秘肉の淫らさがぶつかり合い……

この世で最愛の彼との再会、そして永遠の契りを……

投稿者　麻宮咲江（仮名）／29歳／専業主婦

それはある日突然、あまりにも思いがけない、そしてあまりにも激しい青春の業火の再燃だった。

あたしは今でこそ、三十そこそこで年収一五〇〇万というエリート外資系証券マンの妻の座に納まり、誰もが羨む悠々自適の華麗なる若奥様ライフを送っているが、実は中、高とかなりグレて、地元でも相当恐れられたワルだった。万引きやブルセラ（死語？）なんていう可愛いものではなく、ワルのグループ同士の抗争、傷害、恐喝……その他、めちゃヤバいことをし、警察沙汰になったことも一度や二度じゃなく、今思えばよく女子少年院送りにならなかったものだ。親がまああの地域の実力者だったため、そのおかげだったのかな。

でも一方で、援助交際や売春といった性的悪事に手を染めたことは一度もない。

なぜなら、こと恋愛に関しては純粋なまでに一途で、ただ一人の男にすべてを捧げ、彼以外の男に身を任せるなど、死んでもあり得ないことだったから。

彼の名は龍平。私とは別の高校の番長的存在で、強くてかっこよくて、しょっちゅうケンカばっかかしてたけど、決して弱いものイジメはせず、男気に溢れた誰からも慕われる存在だった。

そんな彼に惚れ込み、一時は死ぬまで添い遂げたいとまで操を立てたあたしだったけど、ある日突然、別れのときがやってきた。ケンカ相手が刃物を持ち出してきたのを防ごうとして、逆に向こうに重傷を負わせてしまった龍平は、正当防衛だという主張も認められず、少年院送りになってしまったのだ。

結局そのまま龍平は高校を辞め、家を出て遠くの親戚の世話になりながら社会に出て働き始めた。なんとか連絡をとろうとしたあたしだったけど、いかにも彼らしく、迷惑はかけられないと、あえて行方を教えてもらえることはなかった。

その後、龍平の不在で魂が抜けたようになったあたしは、ワルをやっている意味も見出せなくなり更生の道を歩み、世間でお嬢様学校と呼ばれる女子大を出て、二十六歳のときに今の夫と見合い結婚したという経緯だ。

夫のおかげで何不自由のない暮らしを送り、欲しいものはたいてい手に入るけれど、心はずっと空っぽのような気がしていた。

そう……一日たりとも龍平のことを忘れたことはなかった……。

だけどまさか、あんなに突然、再会のときがやってくるなんて……！

その日、あたしはいつもどおり、夫を勤めに送り出したあと、午前中を掃除や洗濯といった家事をこなして過ごし、昼食後は買い物などの午後の予定を考えながら、昼下がりの優雅でのどかな時間を送っていた。

と、そこへ玄関チャイムの鳴る音が。

あたしはリビングのソファを立って、モニタ画像を確認する。

そこに映った男性らしき人は、フードを目深にかぶっていて顔が見えず、怪訝に思ったあたしは居留守を使おうかとも考えるが、次の瞬間、カメラのほうを見上げたその顔を見て驚愕のあまり固まってしまう。

あの、離れ離れになった十七歳のときを最後に、実に十二年ぶりに見る顔だったけど、瞬時にあたしはそれが龍平だとわかった。

それなりに年齢を経て、多少くたびれた感はあったけど、それでもやっぱり相変わらずかっこいい、あたしの最愛の男………。

でも一体なぜ、今ここに？　……とか、これっぽっちも考えなかった。あたしは急いで玄関に向かうと、ドアロックを開錠して扉を開け、彼の腕を掴み力まかせに屋内に引っ張り込んでいた。

「……あ、サキエ……」

　その勢いに押されながらも、あたしの名を呼ぼうとする彼の口を、あたしは間髪を入れずキスでふさいでいた。そして彼を室内に上げようと無我夢中で引っ張り、それを受けて彼は苦労して三和土で靴を脱ぎ捨てる。

　あたしは、なんとか玄関を上がった彼をそのままリビングまで引っ張っていき、そのまま彼の上になる格好で長ソファの上に倒れ込んだ。

「あ、ああ……龍平、龍平、龍平〜〜〜〜〜っ！」

「サ、サキエ……んっ、うう……ちょ、ちょっと待って……話しを……」

「そんなの……そんなのあとでいいからっ！　今は抱いて……抱いてよっ！」

まずは何かしら説明しようとする龍平に対して、あたしは一瞬にして十七歳の頃の自分に戻ってしまっていた。

この世で一番愛しい存在である龍平が、いま目の前にいる！

ああ、あたしの『おんな』が激しく疼いて止まらない！

あたしの『おんな』が、龍平のたくましい『おとこ』を欲して止まらない！

彼の上で上半身を起こして馬乗りの姿勢になったあたしは、そのまま彼の着ている上着のボタンを外し、裸の胸をあらわにした。そしてそこに顔を埋めると、懐かしい匂いのする胸筋を食み、意外に小粒でかわいい乳首を舐め回し、吸い上げる。

「……あ、ああ……サ、サキエ……ッ……」

乳首を尖らせ甘く喘ぐ彼に対して、あたしは体の位置を少し下に下げて、ちょうど彼の股間の上に座る格好になると、腰を思いきりくねらせて、大きく激しく彼の中心部分を刺激していく。ムクムク、ビンビンとあたしの下で見る見る彼の性器が固く太く反応していくのがわかる、感じる……。

「ああん、龍平！　あの頃みたいに……あたしのオッパイも舐めてぇっ！」

そう懇願すると、彼は下から手を伸ばしてあたしの着ているブラウスのボタンを外して前をはだけ、ブラも取り去ってしまうと、首を上げて乳房にむしゃぶりついてきた。両房を手で荒々しく揉み上げながら、柔らかな乳肉をレロレロと舐め、ハムハムと食み、チュパチュパと乳首を吸ってきて……！

「んあぁぁぁぁっ……はうぅぅっ……！」

あたしの中でますます性感の炎が激しく燃え上がり、彼にまたがっている股間の秘肉がジュクジュクとぬかるんでくるのがわかる。双方の衣服の布地を通して、彼の肉根の固さと、あたしの秘肉の淫らさがぶつかり合い、からみ合って……もう臨界点まで昂り合ってしまう。

「あ、あぁっ……龍平！　龍平のこれ、欲しいのぉ！」

「……ああ、俺もサキエのここに突っ込みたいよおっ……！」

そこでいったん双方が体を離し、あたしたちは息せき切って自らの服を捨て去ると、改めて全裸で向き合う。

限りなく直角に反り返り、今にもお腹に付かんばかりにいきり立っている龍平の男根と、溢れ滴る愛液で濡れそぼり、淡い茂みをテラテラと黒光りさせているあたしの女陰と……本人たち以上に雄弁な双方のシンボルがお互いに求め合い、欲し合って……今ようやく、十二年のときを超えて一つになる！

濡れた肉ひだを割って、えぐるように突き貫き、奥まで掘削する肉棒。

それを受けて、淫らに白く粘ついたしぶきを噴き上げてとろけ乱れる肉裂。

「あひぃ、ひっ……んあぁぁ～～～～っ！」

「はぁっ、はっ……サ、サキエ！　サキエェッ……！」

「あぁん、いい、いいわ……龍平～～～～っ！」

怒濤の勢いで龍平に抜き差しされ、あたしは全身をのけ反らせるようにして悶え、喘いでしまい……最後、いったん抜いて外に出そうとする龍平を押しとどめて、あたしが彼を抱きしめる手にギュッと力を込めると、ものの見事にあたしの内部で精の奔流が熱く炸裂した。

「……イ、イク～～～～～～～～～～ッ！」

嵐のような愛の時間が通りすぎ、二人とも心地よいけだるさの中、脱力していると、

「サキエ……大丈夫か？」

龍平が中出しを心配してそう言ったけど、そんなの知ったこっちゃない。そのとき、あたしは龍平のザーメンが欲しかった……それだけのこと。

そしてようやく改めて、今日いきなり訪ねてきたわけを聞く。

実は彼は今、むかし恩がある先輩のつてで組関係に属しているのだが、そこで敵対する相手との抗争の中で起こった殺しの罪を被り、このあとおそらく十年は、刑務所に入るという。さすがにもうこの先、あたしと会えないかもしれない……そう思った龍平はたまらなくなって、何とかつてを頼ってあたしの居場所を探し当て、今生の別れに会いにきたということだった。

「ありがとう。とても嬉しかったわ」

あたしの中で、この青春の業火は永遠に消えない。

■私は指図されるままに腰を振り立て、ジュッポ、ヌッポと抜き差しを激しくして……

何人もの男たちのザーメンを浴び汚され…私は肉奴隷！

投稿者 今田結花（仮名）／25歳／アルバイト

目の前のドアが開いて、私が椅子に座らされている狭い部屋の中に、次の順番の男が入ってきた。そして、私の目の前に立つと、これまでの男たちと同じようにズボンのファスナーを下げて、下着もろとも股間をこじ開けてまだ柔らかくダランとした状態の、でもかなりの大きさのペニスを私の眼前に突き出してきた。

「ほら、気合い入れて舐めろよ。手ぇ抜いたりしたら承知しねぇからな」

私はそれまで、全裸に剝かれた体を隠すように胸の前で交差させていた両手を放すと、右手を男のペニスに、左手を睾丸に添えた。そしてゆっくりと右手を上下に動かし、しごき上げながらペニスに刺激を与え、同時に左手で睾丸を包み込むようにすると、手のひらでコロコロと転がしつつ揉みしだいていった。

「ああ、いいぜ……もうちょっと強めにな」

男の言葉に応えて、私は竿から亀頭にかけてしごいている右手の動きに力を加え、併せて左手の玉袋への揉み込みを強くしていく。

「おお、いい、いい！　俺ぁ、こういう痛いぐらいのほうが気持ちいいんだ。おまえ、呑み込みがいいじゃねぇか。さすが、『本日の肉奴隷』だぜ」

男が満足げにそう言いながら、私の胸に手を伸ばしてきた。そしてしばらく揉み回して肉房の張りを出させたうえで、先端の乳首を摘まみ、コリコリ、クニュクニュと、よじり、こね回してくる。

「……ぁあっ、はぁっ……あっ……」

その思いのほか巧みでツボを押さえた愛撫に、私は思わず甘ったるい喘ぎ声をあげてしまう。

「ほらほら、気持ちよがってないで、そろそろ咥えたらどうだ？　おまえの今日のお勤めのメインはそれだろ？　ん？」

私はコクリとうなずくと右手だけを放し、そのせいで下を向きかかった、ほぼ勃起した男のペニスをパクリと口でとらえると、そのまま顔の動作だけで上下左右に振り立て、反動をつけ前後させて口淫していった。手を使わないとバランスがとりづらいが、その危なっかしい感覚が男にとっては絶妙の快感をもたらすようだ。

「ううっ……いい……あぁ、あ……おおっ……」

私は男の喘ぎ具合を見つつ、空いていた右手をお尻のほうに回り込ませ、ツプリとアナルに挿し入れた。「……んおぉッ？」一瞬たじろぐ男には気を留めず、一気呵成に左手の睾丸への愛撫を激しくしつつ、アナルへの指の出し入れのスピードを上げていく。そして同時に顔の動作も大きくして亀頭への攻撃を激化させていく。

「……うくっ、ぐう……あっ、あ、はっ、はっ、はっ、はっ……ま、待てっ……やばいって……あ、あく……う、うう………」

高まる一方だった男の喘ぎに一瞬の『溜め』ができた、その直後、

「ああっ！　で、出るっ！」

ビクビクッ！　と全身を震わせながら、男は私の口中にドピュ、ドピュ！　と熱くネットリとした体液を注ぎ込んできた。その量があまりに多すぎて、私は一気には飲み下すことができず、口から溢れこぼれ出た残滓が顎を伝い、アメーバ状の生物のようにゆっくりドロドロと喉元を流れ落ちてゆく。

「あ～あ、こんなにこぼしちまって……まあいい。ほら、俺のを舐めてきれいにしろ」

私は言われたとおり、萎えかかっている男のペニスに残った精の残滓をペロペロと舐めて拭い取っていった。

満足した男がようやく部屋を出ていくと、ほんの二、三分後、また入れ替わりに別

の男が入ってきた。

「ほう、今日の肉奴隷はまあまあの美人じゃないか。若いしな。こりゃヌイてもらうだけじゃもったいないなあ。ちょっと変更交渉するか」

男はそう言うと、いったん部屋から出ていった。

さっきの男がどちらかというと細身だったのとは違い、今度の男はあきらかにでっぷりと太っている。まあ、私にとってはどっちでもいいけど……などとぼんやり考えていると、数分後、男が戻ってきた。

「交渉成立したよ。俺との間じゃ本番ＯＫだ。そのぶん、高い金払うんだから、ひとつハッスルして頼むよ」

そう言うと、また別の下っ端らしき男がやってきて、三人ともども、薄暗い廊下を通って、別の部屋へと移動した。そこはさっきよりも幾分かはきれいで、壁に付ける形でシングルベッドが設置してあった。

「なんだ、小さいなあ。これじゃあ俺の体だと落ちちゃうよ……まあ、仕方ないか」

男は文句を言いつつも、下っ端が部屋を出ていきドアを閉めるや否や、いそいそと服を脱ぎだしすっ裸になった。そして狭いベッドをギシギシいわせながら仰向けに横たわると、私に向かって言った。

「さあ、しゃぶって立たせておくれよ。そのあとで俺の巨根で串刺して、たっぷりヨがらせてやるからな」

私は言われたとおり、男の股間に顔を埋めると、太い足の間にうずくまるように埋もれている小さな包茎ペニスの皮を剝いて、ペロペロ、シャブシャブとフェラを始めた。するとまさに男が言ったとおり、それはものすごい勢いで膨張していき、あっという間に全長十六～十七センチ、直径も四～五センチはありそうな立派な大物へと変貌を遂げた。

「ほらほら、さあ、乗って乗って！　咥え込んで！」

私はその言葉に従い男の腰の上にまたがると、根元を支えて直立させた勃起ペニスに向けてアソコを下ろしていき、ヌプヌプと自らの肉ひだの中に呑み込んでいった。

「……あっ、ああ……はぁっ……」

すでに心は半分死んでいるけど、快感に反応し、喉からこぼれ出る喘ぎはホンモノだ。私は男に指図されるままに腰を振り立て、ジュッポ、ヌッポと抜き差しを激しくしていくと、次の瞬間、下から勢いよく噴き上げてくる精の奔流を体感しながら、

「あ、ああ……あぁぁ～～～～っ！」

と、否応もなく絶頂を迎えていた。

その後、私はしばし眠ってしまったらしい。目が覚めると脇に見覚えのあるコワモテの男がいて、ベッドに横たわる私のことを見下ろしていた。

「さあ、今のデブの客が本番希望で料金が倍だったから、残る人数は一人減って二人だ。あともうひと踏ん張りだな。そこをがんばれば、晴れて負け分はチャラだ。ご主人にもご近所さんにも知られることなく、平穏な日常に帰れるってもんだ……な、奥さん？　これに懲りたら、こんな賭場には金輪際、足を踏み入れないことだ」

それを聞いて、私はようやく、今自分がどういうことになっているのかを思い出すことができた。

不景気でリストラにあい、落ち込む夫を少しでも楽にしてあげたい、困窮する家計を少しでも助けたい……その思いで、界隈で密かに行われている賭場に参加して……結果、大負けしてしまったのだ。しかし支払える見込みはなく……代わりに肉奴隷として何人かの客の相手をすれば、ご破算にしてやるという話を受け入れたのだった。

残りあと二人って言ってたけど、私いったい、これまで何人の男を相手にし、そのザーメンを浴びてきたのだろう？

もう何も……覚えてなかった。

■私たちは双方の気持ちいい部分を激しく濃厚に愛撫し性感を高め合っていって……

やさしい犬の散歩仲間男性の野獣の如き欲望に犯されて

投稿者 森麗美（仮名）／34歳／パート

長年の団地暮らしを経て、中古ではありますが念願の一戸建てを購入し、夫と二人の子どもの家族四人で移り住みました。倹約して貯金してきたのはもちろん、私の母からの生前贈与分のお金が思いのほか多く、それらを合わせると頭金としては十分だったので、思いきって……。

そして私には、一戸建てに住んだ暁にはどうしても叶えたい夢がありました。

それは犬を飼うこと。

もう小さな頃からの憧れだったんです。

で、早速ペットショップへ行き、一目で気に入った柴犬のオスの仔犬の購入を決めました。子どもも二人も喜んでくれたのですが、あまり犬が好きじゃない夫だけは、ギリギリまで言い顔をしなくて……でも結局、私は断行しました。

そして、毎朝六時半と毎晩八時頃、日に二回の柴犬『まる』の散歩が私の日課となりました。もちろん、晴れの日だけじゃなく、雨の日も風の日も、寒い日も暑い日も休むことは許されず、でも私にとってそれはまったく苦じゃありませんでした。

そしてそのうち、私にはほぼ同じコースを使っていたことで親しくなった、犬の散歩仲間ができました。

毎晩八時の回に顔を合わせるその人は坂井さんといい、私より少し年上っぽい、引き締まった体躯のスポーティーな男性でした。散歩しながらの話を断片的に拾うと、長年勤めた会社を数年前に辞め、今はその頃の経験と知識を活かした、その業界に特化したコンサル業務をしているということで、そこはかとなく醸し出すサラリーマンっぽくない自由な雰囲気にも納得がいきました。また昨年、前の奥さんと離婚したばかりというのも、その雰囲気に影響しているかもしれません。

彼の愛犬はゴールデンレトリバーのオスで『ケン』といい、とても人懐こく、うちのまるともすぐに仲良くなり、毎日お互いに顔を合わせると嬉しくて大はしゃぎ！でもそれは犬たちだけの話ではなく、実は私のほうもいつしか坂井さん個人のことを男性として憎からず思うようになっていたんです。

前はそれほどでもなかったのですが、今回、私が犬を飼うのをかなり嫌がったことで、夫がとても冷たい人間みたいに感じられるようになってしまって……それに引きかえ、おおらかに犬を愛する坂井さんって、なんてやさしくて温かい人なんだろう……となってしまったわけですね。まあ、かなりメタボが入ってみっともなくなってきた夫に比べて、どう見ても坂井さんのほうが男性としてのフェロモンが勝っていることもありましたが……。そしてなんとなく、彼のほうも私のことをいい感じに思ってくれてるんじゃないかなあ、という自意識もあったりして（日々のまるの散歩のおかげで、私自身の体形も出産以前並にシェイプアップされてたんです）。

そして、そんなある日突然、そういった私の思惑のアレコレが証明される日がやってきてしまったんです！

それは、クリスマス少し前の、まあまあ寒い夜のことでした。

いつものように私と坂井さんが、それぞれの愛犬を連れて並んで歩いていると、突然天候が悪化、アラレ混じりの激しい雨風が吹きつけ、私たちはあっという間にびしょ濡れ状態！　一気に体が冷え込んでしまいました。すると坂井さんが、

「このままじゃ凍えちゃいますよ。僕の家がすぐこの近くなんで、いったんそこへ避難しませんか？　服を乾かしながら温かいものでも飲んで、天気の回復を待ちましょう。どうですか？」

と言ってきました。

そのとき、私はかなりリアルに予感しました。

（彼の言葉に従って家について行ったら、ほぼまちがいなく彼は私のことを求めてくるはず……どうする、私？　夫のこと、裏切れる？）

と一瞬、人妻としての葛藤がありましたが、それもすぐに解決しました。

私の中で、犬嫌いの冷たい夫よりも、自分と同じく犬を愛する心やさしい坂井さんを選んでしまうのは、もはや必然でした。

「そうですね……早く温めてほしいです……」

彼の目をまっすぐに見つめて、そう思わせぶりに答える私。

もう、お互いの間に言葉はいりませんでした。

二人、急ぎ足で犬たちを連れて、そこから五分ぐらい行った先の彼の家に向かいました。そして着くと、雨風をしのげる場所に犬たちをつなぎ、私はとり急ぎ夫の携帯に連絡を入れました。悪天候が落ち着くまでどこかで待ってから戻る、と。夫は何の疑いもなく、「気をつけてな」と言いましたが、もはや良心の呵責のカケラも感じない私は、濡れた分厚い防寒着を脱ぐと、坂井さんに引っ張られるように奥に連れて行かれ、そのまま二人全裸になって浴室へとなだれ込みました。

「寒くて死にそうだわ！　芯から温めて！」

「ああ、そのエッチなカラダが燃え上がるくらい、メチャクチャ温めてあげるよ！」

私と坂井さんは息を荒げつつそんなことを言い合いながら、熱いシャワーを浴び、手にとったボディシャンプーを泡立ててお互いのカラダにたっぷりと塗りたくりました。そして双方の気持ちいい部分……オッパイを、乳首を、ペニスを、オマ〇コを、アナルを……ヌルヌル、ヌチャヌチャ、ヌプヌプと激しく濃厚に愛撫し合い、性感を高め合っていきました。

「あ、ああ……坂井さんのオチン〇ン、こんなに固く大きくなって……勃起しすぎて、今にもお腹にくっつきそうっ……すてきよっ！」

「はぁ、はぁ、はぁ……麗美さんのオッパイもこんなにツンツンに乳首おっ立てちゃって……ああっ、ほらっ！　マ〇コもうドロドロのグチャグチャにとろけまくって糸引いちゃって！　とんだ淫乱メス犬だぁっ！」

と、そのセリフを聞いた私は、あれ？　あのいつもやさしく紳士的な坂井さんらしくないな、と思いましたが、場をシラけさせたくなかったのであえてスルーし、彼に抱き着き、からみ着いて勃起ペニスをより刺激していきました。

「ああっ、もうガマンできねぇっ！　おらっ、メス犬っ！　向こう向いて両手を壁についてて尻をこっちに突き出せっ！　メス犬らしく、わんわんスタイルでバックからハメまくってやるよ！　おらっ、グズグズすんなっ！」

するとますますテンションを上げてがなり立ててくる坂井さんの言動を見て、さすがの私もようやく気づきました。

やさしい紳士どころか、これこそが坂井さんの本性なんだ。

飼い犬たちの比じゃないくらい、本当のケダモノは坂井さんのほうだったんだ！

「オラオラオラオラ～ッ！　もっと腰振れ、メス犬が～っ！」

「ひあっ！　ひぃ……あっ、あっ、あ……んあ～っ……！」

ああ、あなた、ごめんね……あたし、まちがってたわ……許してっ！

今さら言っても遅いですが、私はバックから坂井さんに突きまくられながら、裏切ってしまった夫に対して詫びていました。

でも、そんな殊勝な思いとは裏腹に、激しくケダモノのように犯される快感は際限なく昂りまくっていって……！

「あひっ……イク……イクの！　あああぁぁぁ～～～～っ！」

浴室内に響き渡る喜悦の咆哮の中に、私の意識は溶けていくのでした……。

■次長は勃起ペニスを振りかざすと、両手で私の左右の太腿を抱え上げて……

職場オナニー現場を見つかった私を見舞う上司の肉鉄槌

投稿者 野寺ほのか（仮名）／30歳／公務員

市役所の福祉課に勤めています。

その日、もう終業時刻間近の頃、私はとある介護関係業者から、メールで報告書が送られてくるのを待たなくてはならなくなってしまいました。それを受け取ってとりまとめ、私の上司の課長宛に提出しないことには今日の業務が終わらないのです。

そしてとうとう、メールが来ないうちに終業時刻になってしまいました。

「おつかれさまー」と言いながら、次々と課員が退勤していき、ほどなくフロアには私一人しかいなくなってしまいました。手持無沙汰の私はスマホをいじくったりしていたのですが、そのうち違うものをいじくり始めていました。

それは自分のカラダです。

実は最近、夫のアッチのほうの元気がなくて（まだ三十代半ばだっていうのに！）夜の夫婦生活がすっかりご無沙汰……もう丸二ヶ月もセックスレス状態に置かれた私は、深刻な欲求不満を抱えていました。そんな、身中に溜まりに溜まった性の飢餓感が、この空白の時間帯にうごめきだしてしまったというわけです。

誰に見られることもないと高をくくった私は、自分のデスクの椅子に腰かけたまま上体を少し反らしながら両脚を大きく開きました。そしてスカートを少しずり上げるようにして股間部分を露出させると、もちろん下着とパンストは着けたままですが、その上からボールペンのキャップ部分を押し当て、動かし始めました。

グリグリ、クイックイッ、ググッグッ……強弱をつけてアソコ部分を刺激しているうちに、どんどん気持ちよくなってきて、じんわりと下着が……いや、その上のパンストまで、滲み出したイヤラシイ汁で濡れてくるのがわかりました。

「……ん、んん……あふぅ……」

思わず小さな喘ぎがこぼれてしまいます。

そして、一度火のついた快感への欲求はさらにエスカレートし、私は自分の上半身にまで手を伸ばしていました。白いブラウスの前ボタンを上四つほども外し、その下のブラジャーのホックも外すと、自慢のGカップの豊かな乳房があらわになりました。

すでに乳首は固く突き立っています。

（もうっ、どれだけ大きくたって、さわってもらえなきゃ宝の持ち腐れじゃないのよおっ！）誰にともなくそんな愚痴を言いながら、私は左手で乳房を揉み、乳首をいじくりだしました。同時に右手はボールペンでアソコをいじくっているので、上下の刺激が合わさり、二倍、三倍の快感となって体内を満たしていきます。

「あふん……あ、はぁっ……あっ、ああ……」

いつしか私は、メールを待つという本来の残業の目的すら忘れて、オナニープレイに夢中になっていました。普段なら考えられない、仕事場でそんな破廉恥な行為に及んでいるという罪悪感が、余計に興奮を煽ってしまったのだと思います。

「んあっ、はぁ、あ、あふぅ……ああん……」

下着とパンストの上からという、まだるっこしい刺激に飽き足らなくなった私は、とうとうそれらを膝あたりまでずり下げ、剝き出しになったアソコに直接右手の指を突っ込んで、激しく抜き差しを始めていました。その濡れ具合は怖いくらいにエスカレートする一方で、グチュグチュ、ヌチュヌチュというあられもない音が一段と大きく、誰もいないフロアに響き渡っています。

と、そこに思いがけない別の声が闖入してきて、私の全身は凍りつきました。

「野寺さん、残業おつかれさま」

ハッとして、その声がしたほうを見ると、なんとそこには上司の次長が立っていて、手でスマホをかかげながら、えも言われぬ淫猥な笑みを浮かべていました。

「あ、あ、あの、次長……こ、これはっ……そ、そのっ……！」

とんでもない現場を見られてしまった私は、もう完全にパニック状態！　何とか言い繕おうとしても、しどろもどろでまともに言葉になりません。

「いや、いいんだよ、無理に言い訳しようとしなくたって。きみが職場で耽っていたドスケベな行為の一部始終は、全部このスマホに収めさせてもらった。それがすべてだ。何をどう言い繕おうとムダってものだ」

次長の言葉を聞きながら、私はついさっきまで熱く火照りまくっていたカラダが、震えるほどに冷えきっていくのを感じていました。

そんな私に向かって、次長はこんなことを言いだしました。

「さあ、この期に及んで、もうそういうムダなやりとりはやめようじゃないか。きみは今、その淫乱なカラダの欲求を、ことあろうに職場でオナニーして鎮めようとしていた。で、私はその現場を押さえ、その気になればきみの職を失くさせるどころか、ネットにばらまいて全世界の慰みものにさせることだってできる」

もう、死んでしまいたい気分でした。

「でも、もちろん私だってそんなことしたくない。なぜなら、前からきみのことが好きだったから。きみのそのエロすぎるカラダを犯しまくりたいと思ってたから」

意外な告白でした。そして……。

「だからこうしよう。私のその気持ちに、そのカラダで応えてくれるのなら、このスマホの画像は封印し、きみの身も立場も安泰だ。さて、どうする？　まあ、選択の余地はないとは思うが……」

はい、もちろんありません。

無言で見つめ返す私の態度に『イエス』という返事を聴き取ったのでしょう、次長は私のほうにゆっくりと歩み寄ってきました。そして自慰行為を無理やり中断させられた、世にもはしたない格好で座ったままの私の眼前に立つと、あの淫猥な笑みをさらに深めながらズボンのチャックを下ろしてペニスを突きつけてきました。

「ほら、きみの痴態があんまりエロいものだから、もうこんなにおっ立っちまって痛いくらいだよ。さあ、まずはたっぷりと舐めてもらおうかな」

そう言う次長のペニスはたしかに雄々しく勃起し、とても五十代半ばという年齢を感じさせない、たくましいオスのエネルギーを発散させていました。

私はそれを手で支え持つと、精いっぱいのフェラチオを始めました。

赤黒く充血し、パツンパツンに大きく膨張した亀頭に舌を這わせ、縁の窪みにネットリとからませながらニュロニュロと舐め回し、太い血管が走る肉茎を上下に何度も何度も舐め上げ、舐め下ろし……玉袋を手のひらで揉みしだきコロコロと転がしながら、上から亀頭をズッポリと呑み込んで、喉奥まで届かんばかりの勢いでジュッポジュッポとバキュームフェラして……。

「お、おおっ……す、すごい……さすがは職場でオナニーに没頭してただけのウルトラ淫乱だけのことはある……このテクニック、気持ちよすぎるっ！」

次長は、がぜん血走った目をギラつかせながら、スーツの上着を脱ぎ始めました。そしてYシャツのボタンを外して前をはだけた格好にしました。少し中年太りした丸いお腹が覗きました。そしてフェラをやめさせ、私を立たせて下着とパンストを完全に脱がせると、デスクの上に座らせました。

「さあ、いよいよ本番だ。いくよ！」

下を全部脱いでしまい、前をはだけたYシャツ一枚だけの姿になった次長が、私の唾液と自らの先走り汁にまみれてヌラヌラと照り光っている勃起ペニスを振りかざすと、両手で左右の太腿を抱え上げて大きく開かせたアソコに向かって、それを突き入れてきました。

ズプッ、ヌプヌプッ、ニュブブブッ……！

「んあっ、あっ……あうっ、ひっ……あ、ああ〜〜〜っ！」

その強烈な性肉の圧迫感に、私は思わず大きく喘いでしまいました。

そう……最初は仕方なくだった次長への淫らな奉仕が、それに没頭しているうちにオナニーのとき以上に私の欲求不満を煽り立ててしまい、いつしか私は次長とのやりとりに純粋に興奮し、感じるようになっていたんです。

「あっ、あっ、あっ……あん、あ、はぁっ……んあぁっ！」

どんどん深く激しくなっていく次長の腰のストローク、パンパンパンと高らかに音立てながらぶち当たる互いの肉の打擲音……私の性感が完全に弾けました。

「あっ、あ、あぁ……イ、イク……イッちゃう！　あ、あ〜んっ！」

「う、くふぅ！　わ、私も、もう……うっ！」

その瞬間、次長はペニスを引き抜き、見事な量の白濁液を私の下腹部に向かって撃ち放ち、私も久しぶりのセックスの絶頂に昇り詰め、酔いしれていました。

そしてその日以降、相変わらず元気のない夫を尻目に、私と次長はすっかり秘密のイケナイ関係の沼にハマり込んでしまっているというわけです。

■分厚い筋肉に覆われた腕に抱きしめられ、大きな手のひらで乳房を揉みしだかれ……

ママさん女子大生のあたし、同級生男子とヤッちゃった

投稿者 須田ともえ（仮名）／21歳／学生

あたし、今まだ女子大の三年生なんだけど、実は結婚してて一児の母だったりする。二年前、まだ大学に入学して間もない頃、チャラチャラと浮足立った勢いそのままに、クラブでナンパしてきた今のダンナとヤッちゃったら、ものの見事にそれが大当たり！　で、普通ならそんなとき、男のほうが逃げちゃうパターンなんだろうけど、意外や意外、その金髪に染めたアタマのヤンキーっぽい見た目とは裏腹に、ダンナときたらけっこう真面目で、私の両肩を摑んで真正面から「結婚しよう！」って。

正直、あたしのほうが引いちゃって、十代で母親になるなんて冗談じゃないわよって、堕ろそうとしたぐらいなんだけど、なんとうちの親も、ダンナのそのまっすぐな熱意にいたくほだされちゃって、「娘をよろしくお願いします！」とか言っちゃって。いやー、まいっちゃった（笑）。

でも、そんなこんなでちょっとゴチャゴチャやってるうちに、あたしのほうもお腹

の中の子に愛情を感じ始めて……ま、いっか、と。幸い彼のほうも、彼自身は高卒のプー太郎だったけど、その実家はまあまあ大きな商売をしてるとあって、性根を入れ替えてそこで真面目に働くってことで、大黒柱としての体裁も整ったかんじ？　というわけで、あたしと彼はめでたく結婚、その後あたしはしばらく大学を休学して息子を出産し、そのあと復学して引き続き女子大生やってるってわけ。入ったからには必ず卒業しなさいっていう、親の言葉に従ってね。あたしが通学してる間は彼のお母さんが息子の面倒見てくれてるから、すっごい助かってる。

そんなかんじで、大学では女子大生して、家に帰ると主婦と母親して一生懸命がんばってたんだけど、さすがに最近ちょっと色々と溜まってきちゃって……ダンナに甘えて慰めてもらいたいと思っても、とにかく彼、今は実家の仕事を覚えて早く一人前になりたいっていって必死だから、毎晩遅く帰ってきては即バタンキュー！　って有様で全然頼りにできないのね。

そう、ぶっちゃけセックスレスで、エッチで色々発散することもできやしない。

あ～あ、元々エッチ大好き人間だったのに……。

そんなふうに欲求不満モード全開のときだった。同じ教授のゼミをとってるKくんが、熱心にあたしのことを口説いてきたのは。

「ねえねえ、須田さんってカレシいるの？」

「んー、カレシぃ？　いるような、いないような……（夫ならいるけど。※注／学内であたしの事情を知ってるのは、ごく親しい女の友人数人といったところ）」

「えー？　そんな中途半端なかんじなら、一回オレとつきあってみてよ〜。絶対後悔させないからさ。須田さんって、そんなに可愛くてセクシーなのに、ほとんど男を寄せつけないみたいで、なんだかもったいないよー」

正直言って、あたし、前から彼のこと、ちょっといいなって思ってた。うちのダンナが線の細いヤワなヤンキータイプなのに対して、Kくんはバリバリ体育会系のマッチョタイプで、きっとアッチのほうも力強くてタフなんだろうなーって想像して。

なので、あんまり熱心に誘ってくるもんだから、あたしのほうもだんだんその気になってきちゃって、

「うーん？　まあ、一回だけなら……いいけど？」

「ほんと!?　やりーっ！」

ってことになっちゃったわけ。

「でも今日はダメ。もう家に帰る時間だから。あたしは明日、午後の授業がないから、昼の一時すぎってかんじでどう？」

「もちろんオッケー！　じゃあ明日の一時すぎ、またこの辺りで！」

そうして翌日、Kくんと待ち合わせてホテルへ向かったの。

ホテルの部屋に入るなり、Kくんはチャッチャと服を脱ぎだし、あっという間にボクサーショーツ一枚だけという格好に。たくましく発達した大胸筋がピクピクと動き、腹筋も見事なシックスパック。こんもりと膨らんだボクサーショーツの中身も、いかにも立派でおいしそう！

あたしはがぜん、ムラムラと昂ってきちゃった。

彼の突き刺さるような熱い視線をヒリヒリと全身に浴びながら服を脱いでいると、もうそれだけで性感が反応してきて……乳首はツンツンに立ってズキズキと疼き、アソコにもジンワリと濡れた温もりが広がっていく。

「うわお、想像以上のナイスバディだね、須田さん。特にそのオッパイ、大きいだけじゃなくて、中身もみっちり詰まってそうで、めちゃくちゃおいしそう！」

（そりゃもう、今現在もまだ授乳中の母乳タンクだからねー）

なんて思いながら、あたしは彼の愛撫に身を任せていく。

分厚い筋肉に覆われた腕に抱きしめられ、その大きな手のひらで乳房を揉みしだかれ、意外に繊細な指先で乳首をコリコリと摘まみこねられて……、

「あっ、あ……ああっ！　あん、あうん……」

思わず甘く喘ぎながらも、お返しとばかりにボクサーショーツに覆われた彼の股間に手を伸ばすあたし。もうすでにパンパンに張り詰めたソコは、あたしのごく軽いタッチにさえも敏感に反応して、ますます膨らみを固くさせちゃう。

「あ、ああ……須田さん……んぅぅ……」

「須田さんはやめて……ともえって呼んで！」

あたしはそう言いながら、ズルッと彼のボクサーショーツを引き下ろしちゃう。すると、ビョーン！　と勢いよく勃起ペニスが反り返り立ってきて、ペチンとあたしのお腹にぶつかってきた。先っちょから透明な液が漏れ出してるものだから、そのニチャッとした滑りがあたしのお腹に糸を引く。

「うわー、すごい立派なオチン◯ン！　うちのダンナより全然すごい！」

「……えっ？　ダ、ダンナって……？」

「う、ううん、何でもないの……気にしないで！　それよりあたし、こんなすごいの見たら、もうたまらなくなっちゃった！　ねえねえ、早く入れてよ！」

「……あ、ああ……もちろん入れるとも。うわぁ、ともえちゃんのココももうビショビショのグチャグチャだあ！」

「もうっ！　口はいいから、チ○ポ出してってたら！」

あたしはもう完全な命令口調になって言うと、彼の勃起ペニスを掴み、力任せに自分のアソコのほうへと引っ張った。

「アイテテテッ……！」

と言いながらも、彼のほうもスムーズに重心を移動させてあたしの上に覆いかぶさると、ズプズプズプッ！　とペニスをアソコに挿入してきた。そしてまるで全身の筋肉をフル稼働させたかのようなエネルギッシュなピストンで突きまくり、あたしはイヤラシイ穴の奥の奥まで感じまくっちゃう。

「んあっ、あっ、はぁ……ああ、イイ！　イイのぉ～～～っ！」

「と、ともえちゃんっ……はぁ、はぁ、はぁ……ああっ！」

あたしたちはケモノのように求めむさぼり合い、ハメまくって……彼の放った大量の精子を浴びながら、あたしはこれまで溜まりに溜まった色んなものを発散するように、何回もイキまくっちゃったの。

イキすぎて、ちょっとだけ母乳が漏れちゃったのはナイショね！（笑）

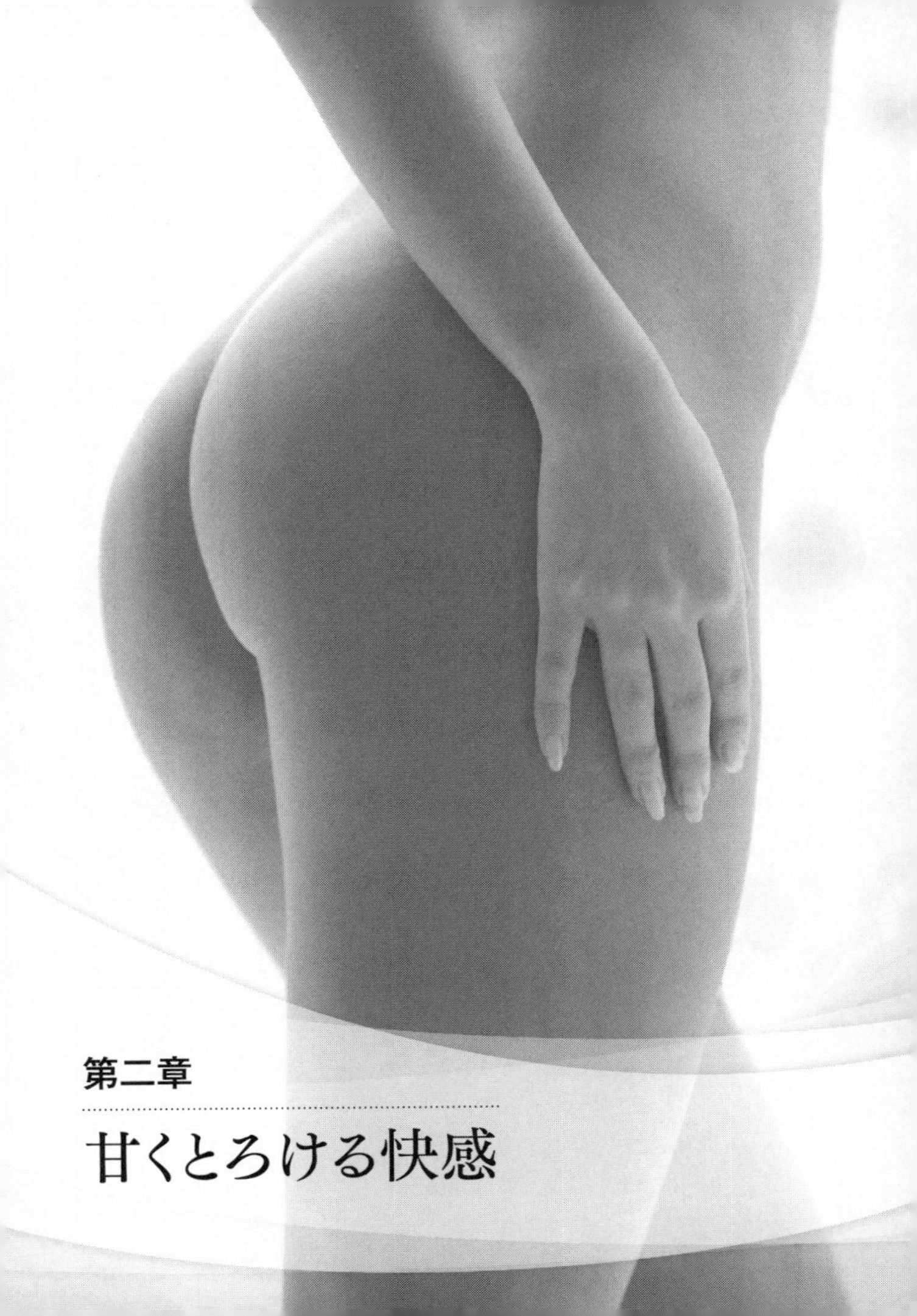

第二章

甘くとろける快感

■彼の股間の肉塊は怖いほど大きく屹立し、先端から透明なヨダレを垂らして……

夫が寝ているすぐ横でその同僚に淫らに肉体を開いた私

投稿者 三田やよい（仮名）／31歳／パート

それは、暮れも押し迫った十二月下旬のこと。

私は自宅マンションで一人、夫の帰りを待っていました。今日は会社の忘年会で遅くなるとは言ってたけど、彼はあまり飲むほうじゃないから、たぶん二次会は行かず、まさか午前様にはならないだろう。そう思いながら。

するとその予想どおり、十一時少し前頃、夫が帰ってきました。

ところが、夫は一人ではありませんでした。

珍しくベロンベロンに酔っぱらった彼はとても一人で歩ける状態ではなく、私も何度か面識のある、同じ課の同僚・佐々木さんが付き添ってきてくれたんです。たしか夫と同じ三十四歳だったかと思います。

「あ～、す、すみません！　わざわざ送ってくださって……この人、こんなになるまで飲むことなんて滅多にないのに……どうもお手数かけました」

「いやいや、お安い御用ですよ。……でもなんか、この間担当した仕事でちょっとポカやって課長に叱責されて、それでヤケ酒あおっちゃったみたいですよ」

「そうだったんですか……」

私は佐々木さんの説明を聞きながら、泥酔状態の夫をとりあえずリビングのソファに寝かせました。ちょっとやそっとじゃ起きそうにありません。

「あの、よろしかったら熱いお茶でも一杯飲んでいかれませんか？」

このまま帰すわけにもいかないと思い、私がそう訊くと、

「あ、すみません。じゃあお言葉に甘えて。今日はけっこう寒いから、少し体が冷えちゃったみたいです」

佐々木さんはそう答え、コートとスーツの上着を脱ぐと、夫が酔って眠りこけているソファの隣りに腰かけました。

「あ、ありがとうございます。いただきます」

そして私が出した熱いお茶が入った湯呑を啜っていたのですが、しばし私の顔を見つめたあと、おもむろにこんなことを言いだしました。

「こんないい女、ほっとくなんて……なんてもったいない」

「……え？　いま何て？」

私は何かの聞きまちがいかと思い、そう訊ねていました。

でもそれは、聞きまちがいなんかじゃなかったんです。

「いやね、ご存知のとおり、同期のご主人とは仲がよくて、よく話すんですけど……ほら、例の仕事の失敗の件の他にも、ご主人、いろいろ悩みやストレスを抱えてるみたいで……それで聞いちゃったわけですよ」

「……はあ……？」

「恥ずかしい話、最近、どうにもアッチのほうが元気なくて、妻を悦ばせてやることができない……ああ、こんなに愛してるのに……妻に申し訳ないよ、って」

「えっ……ええっ⁉」

それは本当のことで、もうここ三ヶ月ほど、私と夫はセックスレス状態が続いていました。それで私も正直、欲求不満を募らせつつあったのですが……まさかそのことを、夫が佐々木さんに話してたなんて……！

とりあえず私としては、適当にごまかすしかありませんでした。

「い、いやだわっ……佐々木さんったらそんなへんな話、真に受けて……」

「……じゃあ、冗談なんですか？　奥さん、ちゃんと満足してるんですか？」

でも、そうやってまっすぐな目線で佐々木さんから問い詰められると、思わず言葉に詰まってしまいました。「……そ、それは……っ」

するると、佐々木さんの顔はいきなり、えも言われず淫猥な笑みに覆われ、

「やっぱり本当だったんですね。あ〜あ、マジもったいないよ。こんな美人で、ふるいつきたくなるようないいカラダしてるっていうのに……」

と言いながら、いきなり対面に座っている私との顔の距離を詰めてきました。そして私のことを抱きしめると、問答無用で唇にキスしてきたんです。

「んぐっ！　……うぶ、う、ううう……」

私はとにかく必死でもがいて、佐々木さんの体を押しやろうとしましたが、大柄な彼はびくともせず、ますます強烈に私の口唇を責め苛んできました。歯茎や口蓋のピンク色の肉をこれでもかとヌロヌロと舐め回し、強引にからめた舌をうごめかすとジュルジュルと唾液を啜り上げて……そうされるうちに、頭の中が真っ白になり、痺れるような恍惚感に全身が脱力していく自分がいました。

そう、長く続く夫とのセックスレス状態ゆえに、いつの間にか私の体内に蓄積した重度の欲求不満は、己の肉体を敏感で淫乱な妖しい器官に変えてしまっていたんです。

「……んん、ああ、はふぅ……う、うう……」

佐々木さんと私の混ざり合った大量の唾液が、二人の顎を伝って喉元から鎖骨にか

けてを艶めかしく滴り濡らし、ハァハァハァハァ……と、興奮した私の息遣いが荒くなっていきます。

佐々木さんはネクタイを外しYシャツを脱ぎ捨て、ズボンと下着も躊躇なくずり下げると、靴下だけを残して全裸になりました。すでにその股間の肉塊は怖いほど大きく屹立し、先端から透明なヨダレを垂らしています。そして続いて私の服に手をかけると、荒々しく全身を剝いていき、一糸まとわぬ姿にされてしまいました。

「ああっ、奥さん……エ、エロすぎるっ……！」

佐々木さんは舌なめずりせんばかりの表情でそう言うと、私をソファに押し倒して上から覆いかぶさり、摑んだ両の乳房をムニュムニュと揉みしだきながら、むしゃぶりついた乳首をチュバチュバと吸い立ててきました。久しぶりの快感の奔流が、ものすごい勢いで私の全身を走り抜けていきます。

「ひあっ、あ、ああん……はひぃ、ひっ、ひう……んあぁっ！」

「はぁはぁはぁ……でかくて、白くて、柔らかくて……ほんと、なんてエロい胸なんだ！　さあ奥さん、このエロい乳肉で僕のチ○ポ、味わってくださいよぉ」

ますます目をギラギラとさせた佐々木さんはそう言うと、固く熱くたぎった己の肉棒を私の胸に押しつけ、乳房で愛撫するように迫ってきました。前に夫に教えられたことがあるので、知っています。いわゆるパイズリというやつです。

私はなんの抵抗もなくその態勢を整えると、自分で捧げ持った左右の乳房で彼の肉棒を挟み込み、軟体動物のように妖しくうごめかしながら愛撫しました。

「……あ、あああ、いい……奥さん、気持ちいいですぅ……！」

佐々木さんがそう言って喘ぎますが、逆に彼の熱く固い肉塊によって乳首を中心に胸部の性感帯を刺激された私もまた激しく反応し、悶え叫んでしまいます。

「あう、ああ、はんっ……あ、オチン〇ンのヌルヌル、き、気持ちいいっ……！」

私の乳首も痛いほどに勃起して、もうビンビンです。

さらに私はそうやってパイズリしてあげながら、私の胸の谷間からヌルヌル、ピョコピョコと顔を出し入れする彼のペニスの先端を咥え込み、同時にフェラしてあげました。たとえ向こうからやれと言われなくても、もう私、してあげたくてたまらなくなっちゃって……！

「くぅっ……奥さん、今度は奥さんのオマ〇コ、舐めさせてっ……」

佐々木さんはそう言いましたが、私は即、その申し出を却下していました。

「ううん、もうそんなのいいから……このすてきなオチン〇ン、私のここに思いきりぶち込んでぇっ！　早くぅ！」

もう恥も外聞もなく、私は生身の男性器の挿入を欲していたんです。

「あ、ああ……それじゃあ奥さん、入れちゃうよ！」

「はあっ……うん、お願い！　きてぇっ！」

次の瞬間、佐々木さんのたくましい肉棒が私の濡れた肉ひだを貫き裂き、怒濤の勢いで抜き差しを繰り出してきました。

「あ、あ、あっ……ああん、あひ……いいっ！　んあぁっ……」

私は佐々木さんに突かれながら、何も知らず酔い眠りこける夫ののんきな顔を見下ろし、なんとも言えない複雑な思いにとらわれていました。

でも、それもほんの一瞬のこと。

次から次へと襲い来る怒濤の快感の奔流に呑み込まれ、夫への思いは消え去り、際限なく魅惑のオーガズムに打ち震える私。

それから幾度となく繰り返されることになる、私と佐々木さんの背徳の関係……その始まりとなった、最初の一日なのでした。

■抵抗する素振りを見せない私に気をよくした彼は、より一層愛撫を激しくして……

不倫欲求を痴漢で解消！私の満員電車カイカン妄想プレイ

投稿者　椎名はるか（仮名）／33歳／専業主婦

私、すっごく不倫の関係に憧れてるんです。人妻と夫と、それぞれが結婚して伴侶のいる者同士が、やむにやまれぬ衝動に押し流されるままに、背徳と禁断の愛に溺れてしまう……あ〜、ウットリだわ〜！

しかしいかんせん、私は超安定したサラリーマンの夫を持つ専業主婦……その経済的必然性のなさゆえ、夫からはパートに出ることを認めてもらえず、日常的人づきあいはご近所の主婦友ぐらいで、とにかく交友関係が狭い。しかも今どきインターネットなんかも全然使いこなせないから、不倫の関係につながるようなきっかけや、出会いのチャンスといったものがまるで見当たらないんです。

ああでも、不倫の関係に対する憧れと欲求は、日に日に高まっていくばかりで……

そんなとき、朝早い用事があって乗った満員電車で出くわしたのが『痴漢』でした。

初めて見ず知らずの男性にいきなりお尻を触られ、固い股間をこすりつけられたときは、そりゃもう驚き、怖くなっちゃいましたけど、それも次第になんだか気持ちよくなってきて……で、そのとき、こんなことを思ったんです。

（この痴漢の男性、見た感じ四十前後のサラリーマンっぽいけど、おそらく結婚してるわよね。つまり既婚男性が、同じく既婚の私とよからぬ行為に及んでるってことは、それだけなら不倫の関係と同じなんじゃない⁉）

まあ、大事なのは、それが自分勝手な欲望ではなく「そこに愛はあるんかい？」という、何かのCMで聞いたような要素なんだけど、もう私の勝手な解釈と妄想は止まりませんでした。

（あ、ああん……だめよ、ご主人、いけないわ！　こんなことして、奥さんに悪いわ！　う、ううん……だ、だめだったら……！）

『いいじゃないか、アイツにわかりゃしないよ。さあ、僕ら二人で気持ちよくなろうじゃないか（↑私の勝手な相手の妄想セリフ／以下同）』

右手で私のお尻を撫で回し、ゴリゴリと股間の固い感触を押し付けながら、彼の左手は私のブラウスの裾から入り込み、スルスルと這い上ってくると、ブラジャー越しに胸を揉み回してきました。その手は分厚く大きく、力強い揉みしだきはブラ越しでも十分私の性感に働きかけ、こすられた乳首がジンジンと反応してきました。

（あふ、あ、ああ……あん、感じる……いいわあ……ご主人！）

『ああ、モチモチして柔らかくて、たまらなくイイおっぱいだ……はぁはぁ……』

私のアソコはすっかり濡れてしまっていました。抵抗する素振りを見せない私に気をよくした彼は、お尻と胸への愛撫をより一層激しくしながら、自らの固い股間のこすりつけもエスカレートさせていって……！

（あ、ああっ……いいっ！　んあぁっ！）

と、私はあわやイキそうになってしまいましたが、残念なことにそのすぐ直後、電車が駅に着き、彼はちょっと名残惜しそうな薄笑いを私に向けながら、バタバタと降車していってしまいました。

淫らな微熱のような余韻に包まれて、しばしボーッと佇んでしまった私。

それは私にとって、つまらない日常が終わりを告げ、夢にみた新しい刺激と快感に溢れた世界が開けた体験でした。

この日以降、私は朝、夫を会社に送り出したあと、そういう気分の日には既婚ＯＬになったつもりの服装に身を包み、勤めに行くテイで出かけ、満員電車に乗り込むようになったんです。

電車の中だけ限定の、密かな不倫の関係に溺れるために。

でも、必ず、あの忘れ得ぬ初日のような出会いがあるとは限りません。待てど暮らせど誰も手を出してきてくれないような日には、こちらからアプローチするしかありません。

自分が『痴女』になるわけですね。

最初はちょっと勇気がいったけど、慣れてくるとこれはこれで、なかなか愉しく、乙な快感があるものです。

直近だと、三日前がそうでした。

どこかの誰かからのアプローチを待ちあぐねた私は痺れを切らし、ちょうど開閉ドア脇に、座席の手すりに寄りかかる格好でスマホをいじっているスーツ男性に目を留めました。年の頃は私のちょっと上の三十四〜三十五歳ぐらい。いかにも奥さんにやさしそうなソフトタッチのイケメンでした。

よし、今日は彼にロックオン！

私はなんとか込み合う車内を彼のほうに移動していくと、正面から彼と向き合う格好で立ちはだかりました。もちろん、二人の間はくっつかんばかりに近接しています。

（久しぶりね、すごく会いたかったわ。この間、さぞ奥さんのことを可愛がってあげてたんでしょうねえ……妬けちゃう！）

私はすっかり彼の不倫愛人になりきり、一段と体を密着させると股間をまさぐりました。彼はギョッとしたような顔で私を見て、でも声を出して拒絶することもできず（大抵の男性がそうです。さぞかし恥ずかしいのでしょうね）、一生懸命体をねじって手から逃れようとしますが、激込みのスペースの中で土台無理な話です。サワサワ、スリスリと膨らみを刺激されているうちに、がぜんソコがジワジワと熱を持ち、固く大きく張ってくるのがわかります。

『おいおい、まったくスケベな困ったちゃんだなあ。こんなとこでもガマンできないのか？　そんなにオレのチ〇ポが欲しいのか？』

（うんうん、欲しいの～っ！　ここから噴き出す熱くて濃ゆ～い精液が飲みたくてたまらないの～……ねえねえ、早くちょうだ～い！）

私はズボンのジッパーを下げて、中から彼のペニスを引っ張り出しました。辺りを窺いましたが、誰もそれに気づいている様子はありません。

彼のあたふたする表情がたまりませんが、私の脳内では勝手にそのセリフがアテレコされています。

『しょうがないな～……しっかりと味わうんだぞ、いいな？』

（は～い、いっただっきま～す！）

私はペニスを前後にしごきながら、ちょうど彼の胸の高さにある自分の顔を伏せて、Yシャツに密着させせました。そして、彼の乳首の位置に見当をつけると、舌をぺろりと出してその箇所をベロベロと舐め始めました。ペニスと乳首、魅惑の二点同時責めのつもりです。するとビンゴ！　見事に私の舌は彼の乳首を捉えていて、乳首は尖り、ペニスはますますいきり立ってきました。

（ねえ、どう？　奥さんはこんなことしてくれる？　ベロベロ、シコシコ）

『ああ、さすがスケベ人妻、抜群のテクニックだ……ああ、マジ、うちのヤツにも教えてやってほしいよ』

そのうち、彼は恍惚の表情に変わり、次の瞬間「うっ！」と呻くと、私が素早く用意して構えたハンカチの中に、ドピュッと精を放ちました。

そうしながら、すっかり私の股間も勝手にグショグショに濡れ、それなりに性感を満足させていました。

（ああ、明日こそは誰かにたっぷり可愛がってほしいなあ……）

私はそう思いながら、降りた駅のトイレで乱れた股間の手入れをしました。

こんな私の満員電車妄想不倫プレイ、まだまだお楽しみは終わらないのです。

■いよいよ挿入されてきたFさんのモノのガチガチに固い肉感はものすごくて……

新婚の夫不在で淫らに疼くカラダを男性客に慰められて

投稿者　前川美奈子（仮名）／27歳／自営業

夫（三十二歳）と二人で、小さな居酒屋をやってます。

そもそもは二年前、私が夫の店にアルバイトとして勤め始め、その後お互いに好き合うようになり、今年の春に結婚したというわけなんですが……そう、ラブラブ、バリバリの新婚なんです！

なのについ先月、夫がとある病気で倒れ、手術、入院ということになってしまい、私はひとりぼっちの新婚妻になっちゃったんです。まあまあ重い病気ではあるものの、命に別状はないということで不幸中の幸いなんですが、術後の治療とリハビリにかなり時間がかかるらしく、退院の見通しは二ヶ月先と言われてしまいました。

さて、そうなると問題は治療にかかるお金です。夫は国民健康保険だし、大した民間の保険にも入っていなかったので、かなりの自己負担分が予想されるということで、それを考えると、お店を営業して稼がないわけにはいきません。

私はアルバイトの女の子を新たに一人だけ雇い入れ、ギリギリの布陣でなんとかがんばってお店を切り盛りする決心をしました。

すると、話を聞いた常連客のFさん（四十歳）がいたく心配してくれました。

ある日の営業終了後、アルバイトの女の子が上がったあと、まだ一人だけ残って飲んでいたFさんが、お酒をおごってくれました。

「で、大丈夫なの、ご主人？」

「はい、昨日もタブレットを使ったリモート面会で話しをしたんですけど、本人自体は至って元気そうで……おかげさまで」

そう、未だに病院はコロナを警戒して全面面会禁止、家族といえども顔を見られるのは週に一回、タブレット画面越しの二十分間だけなんです。

「それならよかった。まあ、困ったことがあったら何でも言ってよ。できることなら精いっぱい協力するから」

「ありがとうございます」

「さ、さ、ほら、もっと飲んでよ、美奈子ちゃん！」

とか言いながら、カウンターに並んで座ったFさんはグッと私との間の距離を詰め、完全にお互いの体が密着した状態で、コップにビールを注いできました。

そして、こんなことを言ってきたんです。

「ところで美奈子ちゃんさあ、アッチのほうは困ってないのかな？」

「……はあ？　アッチのほうっていうと……？」

私がきょとんとして訊き返すと、

「うーん、アッチっていうか……コッチ？」

なんて言いながら、穿いている短めのスカートの裾から完全にはみ出した、私の網タイツに包まれた太腿を撫でさすってきました。私としては、少しでも多く男性客が釣れるならと、あえてちょっと色っぽい格好で接客していたわけですが、それがちょっと効きすぎちゃった……？

「えっ……ちょ、ちょっと、Fさん……な、何を……？」

私がFさんの手を押しとどめるようにそう言うと、

「いや、だって新婚でしょ？　一番ヤりたい盛りのときにひとりぼっちにされちゃうなんて、カラダが疼いて仕方ないんじゃないの？　だから俺でよかったら、その欲求不満の解消に協力してあげようかな、って」

とんだスケベおやじです。

でも、正直、ちょっとよろめく自分がいました。

Fさんはうちの常連客の中でもトップクラスに属するイケオジで、実はかねてから私、ちょっといいなって思ってたんです。そんなFさんから実際にこうして誘惑されると、かなりカラダの奥のほうで疼くものがありました。

「い、いいえ、そんな……冗談やめてくださいよお」

でも私は、入院中の夫への操立ての気持ちもあって、やんわりとソレを拒絶しようとしました。実は、Fさんに太腿を撫でられながら反応し、少しアソコが濡れ始めてるという現実を隠して……。

「いいじゃないの、ねえ？　うん、じゃあさ、本当の意味で援助してあげるから、それならどう？　病院代とか苦しいでしょ？　三万あげるからそれで少しでも足しにしてよ、ね？」

さっきまでは、あくまで困っている私に対する協力の申し出ってかんじだったのが、いつの間にか完全なエッチの懇願に変わってるのがちょっとおかしかったですが、実際、その援助の一言は強力でした。

さ、三万円……！

ぶっちゃけ、うちクラスの売り上げの店からしたら、ノドから手が出るほど欲しい額のお金でした。

ぐんぐん高まってくる性感と、お金に対する渇望と……二つの欲求の渦が合わさり、さらに大きな渦巻きになって私を呑み込んでいって……！

「……いいよね？」

私の肩をしっかりと抱いて顔をグッと近づけ、まっすぐに目を見つめてくるFさんに、もう逆らうことはできませんでした。

私はその口づけを受け入れ、さんざん唇を舐め回されむさぼられたあと、口内に入り込んできた舌にからめとられました。ネロネロとしゃぶられ、ジュルジュルと吸われて……お互いの唾液が混ざり合い、大量の淫らな滴りとなって口から溢れ出し、喉元へと伝い流れ落ちていきます。

「んっ、んぐふっ……うう、美奈子ちゃん……」

「あふぅ……んふぅ……はぁ、Fさん……」

もどかしげに抱き合い、まさぐり合う二人の体がバランスを崩して椅子から落ちそうになってしまったので、私は「む、向こうへ」と言って、ひと間だけある四畳半の畳敷きの個室へとFさんを促しました。

靴を脱いで、そこへ倒れ込むように上がると、畳の上で私たちは改めて激しくお互いの体を抱きしめ、求め合いました。

スーツを脱いだFさんの肉体は、少しぜい肉がついているものの、さすが学生時代ラグビーをやっていたというだけあってたくましく、より一層私の淫らな期待を煽りました。

私も自分で上着とブラを取り、短いスカートを脱ぎ、続いて網タイツも脱ごうとしたんですが、そこへ食いつくようにFさんが襲いかかってきました。

「うう～っ、もうガマンできないっ！　美奈子ちゃ～ん！」

そう叫ぶと私に摑みかかり、バリバリと網タイツを破いてしまいました。ボロボロになって太腿がまだら状に覗く姿は我ながらセクシーで、がぜん、Fさんの目の色もケダモノじみたギラつきを湛えたものに変わりました。

そしてパンティも脱がされ、これでとうとうお互いにマッパの姿に。

Fさんの股間からそそり立つペニスは太く長くたくましく、すでにその先端から透明な先走り汁を滲ませながら、パンパンに張った赤黒い亀頭をピクピクとうごめかせていました。

私は何も言われないままにソレを咥え、溜まりに溜まった欲求不満をぶちまけるかのように、ねぶり回し、しゃぶり立てました。

「お、おお……いいよ、美奈子ちゃん……サイコーだぁ……」

その間にも私のアソコはもう、グチョグチョ、ジュブジュブのエッチな大洪水。フェラのお返しのようにソコを舐めようとするFさんに、私は、

「そんなのいいから！　早く入れて！　Fさんのその太くてたくましいヤツ、私のここに思いっきりぶち込んでえっ！」

辛抱たまらずそう叫んで懇願していました。

そして、いよいよ挿入されてきたFさんのモノのガチガチに固い肉感はものすごくて、それが荒々しく肉奥を突き貫くたびに、私は喜悦の絶叫をあげていました。

「ああぁっ！　あん！　いい、いいわ……す、すごい～っ！」

そうやって、十五分足らずの性交の間に私はなんと三回もイッてしまったんです。

Fさんもたっぷり出して満足してくれたようで、あとから約束の三万円を渡してくれながら、こんなことを言いました。

「実は俺の他にも何人か、その……こうやって美奈子ちゃんを援助したいって人間がいるんだけど……話、通してもいいかな？」

私はにっこり笑ってうなずいていました。

■卑猥すぎる音を響かせつつ、彼女は双方の恥肉を淫らに嚙みあわせ合って……

女同士の思わぬ快感を知った背徳のホーリー・ナイト

投稿者 北村ほのか（仮名）／24歳／OL

「ちょっと、今日の約束ダメになったってどういうことよー⁉　ふざけんなー！」

と、スマホの通話を打ち切った私は、怒り心頭だった。

電話の相手は夫で、今日のクリスマスイブ、前々から予約してた超人気のレストランに、仕事の都合で行けなくなっただなんて……。

「私に女一人で行けってかー？」

「ちょっとちょっと、何、どうしたの？」

オフィスの自分のデスクで一人毒づく私に、同僚の志保が話しかけてきた。事情を話すと、志保はいつもの魅惑的な笑顔でこう言ってきた。

「そのお店、たしかに超人気で、当日だとけっこうなキャンセル料が発生するんだよね？　もったいないなー……ほのかがイヤでなければ、私が一緒に行こうか？」

私は一瞬きょとんとしつつ、複雑な気分でこう思っていた。

（志保、クリスマスイブの今夜もやっぱり一人なんだ……なんでこんなに美人で性格もいいのに、カレシができないんだろ？　理想が高すぎるのかなー？）

とまあ、そんなの余計なお世話か。

とにかく今は、彼女の言うとおり。食べないでお金取られるよりは、食べて取られるほうがいいに決まってる。

「ほんとに？　助かるわー！　行きましょ、行きましょ！　大丈夫、お金はダンナにちゃんと払わせるから、二人で高級イタリアンを思う存分楽しみましょ！」

ということで、そのあと私と志保は連れ立って件の店へ向かい、そう簡単には食べられない激うまイタリアンのフルコースをお腹いっぱい味わい、おいしいワインをたっぷりと楽しんだのだった。

そして、

「このあと、どうする？」

すっかりい～い気持ちになった私がそう訊くと、

「私のマンション近いから寄ってく？　よかったら飲み直さない？」

そう志保が答え、まだ九時前と時間も早かったので、私は乗ることにした。

正直、ちょっとミステリアスな彼女の私生活が気になったのもあって。

そして三十分後、私は志保の部屋のドアをくぐっていた。

「はい、じゃあ改めて乾杯しましょ！　カンパ～イ♪」

一人暮らしの志保の１ＤＫの部屋は、彼女本人に負けず劣らずキレイに片付き、インテリアもセンスよく洗練されていて、それを見て私の疑問はますます深まるばかりだった。

散らかり過ぎて彼氏を部屋に呼べない『片付けられない女』でもないし、最近多いアニメや声優関係の本やグッズで部屋が埋め尽くされた『アニオタ女子』でもないし……ほんと、志保って謎だわ～……。

そして、キレイだけど狭い彼女のリビング兼寝室で、ベッドに背をもたせ掛けながらお酒が進んでいくうちに、けっこう酔っぱらってきた私は、彼女に向かってとうとう直接、その疑問をぶつけてしまっていた。

「ねえねえ、前から聞きたかったんだけど、志保ってさ、なんで彼氏つくんないの？　言い寄ってくる男なんてよりどりみどり、いくらでもいるでしょう？」

するとほんの少しの間のあと、彼女は妖しい微笑を浮かべながら言った。

「それ、本当に知りたい？」

「うん、知りたい、知りたい！」

「一度知ったら、もう後戻りできないけど、それでも……？」

この思わせぶりな物言いに、もしシラフだったらさすがに訝しんで、これ以上訊くのを躊躇したかもしれないけど、残念ながらもうすっかり出来あがってしまっている私に、そんな思考力・判断力などあろうはずもなかった。

「それでもーーーッ♪」

調子に乗った私が高らかにそう声をあげるや否や、彼女はあまりにも思いがけない行動に……なんといきなり私の唇に自分のそれを重ね、チュパチュパと吸いむさぼり、さらに舌を口内に挿し入れてくると私のそれにからみつかせ、ジュルジュルジュルとまるで唾液を味わうようにねっとりと啜り上げてきたのだ。

「……んっ、んぐふっ……ぷ、ぷはぁっ！　し、志保っ、一体何を……!?」

ようやく口を離した私がそう問うと、彼女は平然と答えた。

「あらあら、そんなに動揺されても困っちゃうなー。知りたいって、後戻りできなくてもいいって、そう言ったのは、ほのか、あなたのほうじゃないの。だからあたしは正直に態度で答えた。私は男よりも女が好き……そして今一番好きなのが、ほのか、あなたなんだって！」

「……そ、そんなっ……！」

「さあ、もう止まらないわよっ！」

今や完全に獲物に襲い掛かる女豹と化した志保は、再び私の体に覆いかぶさると、さっきに輪をかけて激しく濃厚なキスで私をとろけさせながら、器用に服を脱がせていった。私はあれよあれよという間に全裸に剝かれ、続いて彼女のほうも手早く自ら服を脱ぎ去った。

「ほんとに好きだけど、結婚してるからガマンしよう……せっかくずっとそう思ってたのに、寝た子を起こしちゃったのは、ほのか、あなたのほうだからね！」

そう言いながら、志保は今度は私の胸に顔を埋め、さんざん乳房と乳首を舐めむさぼり、吸い転がしてたっぷりと唾液まみれに濡らしたあと、自分の胸をそこに押しつけてきた。そして双方の乳房と乳首をニチャニチャ、クチュクチュといやらしく粘つかせながら密着させ合い、擦りつけさせ合い、からませ合って……そのあまりにも淫靡すぎる快感に、私はたまらず悶え喘いでしまっていた。

「……あ、ああ……な、何これ？　き、気持ちよすぎるぅ……！」

「はぁはぁはぁ……どう？　これが女同士の快感よ。でも、本当の気持ちよさはこんなもんじゃないからね……ふふふ」

志保はそう言うと、今度は私の股間を指と舌を使ってさんざん感じさせ、たっぷり

と濡れ乱れさせたあと、

「さあ、これがレズビアンSEXの神髄よ！　私の愛を思いっきりかんじて！」

と、がなるように宣告しながら、自分の両脚を私のにクロスさせるようにからませてきた。そしてそのままお互いのアソコをしっかりと喰い込ませ合うと、体をユッサユッサと揺さぶりながら、ヌッチャヌッチャ、グッチョグッチョ、ズッチャズッチャと卑猥すぎる音を響かせつつ、双方の恥肉を淫らに嚙みあわせ合って……！

「んひぃっ……はっ、ああっ……何これ⁉　すごっ……き、気持ちよすぎて死んじゃう〜〜〜〜〜っ！」

「ああ……私とほのかが、今、一つになってる……ああ、好きよ好きよっ！　ほのかのことが大好きよぉ〜〜〜〜〜っ！」

「あん……イッてもイッても、すぐに次のが来る〜っ……んあぁぁっ！」

そうやって結局、私は志保に十回以上もイかされてしまったんじゃないだろうか。

今のところ、二人の関係はこの一回だけだけど、その底なし快感の魅力にとらわれてしまった私は、もしまた彼女から誘われたら、拒絶できる自信がないのだ……。

■マダムたちの勢いのあまりの凄さに、がぜん陰嚢の中の精液が沸騰し始めて……

三人の美熟女マダムに精のすべてを吸い尽くされて！

投稿者 松岡貴広（仮名）／31歳／会社員

あ、えっと……この本って「人妻手記」でしたっけ？　自分、男なんですけど、『人妻を相手に体験したエッチな出来事の手記』ってことでもいいでしょうか？　はい、すみません。

自分、地元では有名なワンマン社長が経営する食品加工会社に勤めてるんですが（社長自らが出演して恥ずかしい演技を披露してるローカルＣＭまであります）、先だって会社創立二十周年の盛大なパーティーが催されてからしばらく後に、社長秘書のＮさんから会社の内線ではなく、僕の個人的なスマホのほうに連絡があったんですね。

（ん？　なんでスマホ？）

と、僕は怪訝に思いながらも対応したんですが、その連絡内容はちょっとびっくりするようなものだったんです。

「実は先だってのパーティーで、社長の奥様がきみを見初めて、すっかり気に入っちゃったらしいんだよ。で、ぜひナイショのお相手してほしいから、今度の土曜、○△×（地元のセレブの間で人気の高い高級バカンス地）にある別荘に来てもらいたいってことなんだけど……来れる？」

社長の奥様……気に入る……ナイショのお相手……そ、それってまさか？

「もちろんこのことは社長には極秘だけど……わかるよね？　奥様を満足させてあげられれば、かなりのお手当が期待できると思うよ？　どうする？」

はあ〜、社長秘書ってこんな手配までやらされるのかあ、大変だなあ、と妙なところに感心しながらも、わりと最近、趣味で高額な自転車を買ってしまい金欠気味の僕は、二つ返事で承諾しちゃってました。

もともとアッチのほうには自信があるし、毎週末、自転車で鍛えてる体力は、人生で今が最高潮なんじゃないかっていうくらいバキバキだ……むしろ奥様のほうから、「ヒイヒイ、もう勘弁して〜っ！」って言われちゃうぐらいでっせ〜〜！

なんてね。

というわけで、僕はNさんに承諾の返事をし、当日の段取りを細かく教えてもらいました。実は肝心の奥様自身のことについてはほとんど知りませんでしたが、まあどんな相手でもやることは一つだけだ、と鼻息も荒く開き直ってましたね。

そして当日、別荘の最寄り駅に着いたところで連絡を入れると、Nさんの息のかかったハイヤーが迎えにやってきて、そのまま目的地へと連れていってくれました。

別荘自体はそこそこ豪奢な建物でしたが、まさか万に一つもここに社長がいきなりやってきて、出くわしちゃうなんてことはないだろなー？　なんてことを心配しちゃう僕。でも実はここ、仲のいいマダム仲間で集まってバカンスを楽しみたいという奥様のたっての希望で、社長が奥様専用に買ってあげたものだそうで、そんな心配は無用とのこと。それを聞いてホッと一安心しました。

よし、そうとなればあとは体力と性力の限りを尽くして、奥様を悦ばせてあげるだけのことだ！

僕は意気軒昂、武者震いする勢いでドアをノックし、奥様が待ち構えているという部屋の中へと踏み入っていきました。

ところがそこで待っていたのは、思いがけない光景でした。

なんと相手は奥様一人ではなく、他にもう二人……全部で三人のセレブ感漂う熟女たちが、素肌にいかにも高級そうなガウンだけを羽織ったセクシーな姿で、僕のことを待ち構えていたんです。

「あん、いらっしゃ〜い！　来てくれて嬉しいわ。概ねNのほうから聞いてるとは思うけど、今日はたっぷり楽しませてちょうだいね。あ、あと言い忘れたけど、私のとっても仲良しの二人もいっしょだから、そこのところ、よろしくね」

聞けば、あとの二人も県内有数の某企業の社長夫人とのことでした。

うちの奥様を筆頭に四十～五十歳の熟女が三人。さすがに皆、有り余る金と時間にものを言わせるかのごとく自分磨きに余念がないようで、さぞかし美容とフィットネスにお金をつぎ込んでいるのでしょう……ゴージャスな美貌とすばらしいプロポーションを誇っていました。

(うん、これだけのクオリティなら、その辺の色ボケ年増ババアを相手にするよりかは、よっぽどこっちも楽しめるってもんだ。悪くないぞ)

そう僕はほくそ笑み、己の体力とSEXスキルに対して自信満々、上から目線で相手を舐めてかかっていたわけですが、それはあまりにも甘い認識でした。

「さあ、じゃあ早速、服を脱いでこっちに上がってきてちょうだい」

そう言って奥様のマダム友（以降、『マダ友』と呼ばせていただきます）の一人、Hカップほどもあるのではないかと思われる爆乳のマダ友Aが、自分たちがしどけなく座っている、超キングサイズのベッドを指し示してきました。

「えっ、いきなりですか？　あのお、事前に一応シャワーとかは……？」

僕がそう言うと、

「何言ってるの、今日は何のためにアナタを呼んだと思ってるのよ？　その体臭も汗臭さもひっくるめて、ワイルドな若さを存分に味わわせてもらうためでしょ！　ほら、さっさとしなさい！」

奥様にそう叱責され、僕は慌てて言われたとおり、すっ裸になってベッドの上に上がりました。すると、待ってましたとばかりにわらわらとお三方が僕を取り囲み、口々に寸評しながら、カラダを撫で回してきました。

「うわ見て、このすっごい太腿！　太腿がたくましいと、アッチのほうのパワーも凄いっていうわよお？」

「この胸筋も腹筋もステキ！　うちの夫たち、お金はいっぱい持ってるけど、五十を越えるとカラダのほうはもうねえ……」

「うーん、もうガマンできない！　とにかくしゃぶらせて！」

スレンダーなモデル体型のマダ友Bのほうがもどかしげにそう言うと、ガウンを脱ぎ捨てて僕の足の間に顔を埋めてきました。そしてまだ通常状態の柔らかいペニスを握って上下にしごき立てながら、亀頭を咥え舐め回してきて……。

「あん、抜け駆けはズルイわよ！　私だって……！」

爆乳のマダ友Ａもそう言うと、僕の頭のほうから覆いかぶさってくるようなかんじで、乳房を顔に押し当てながら、僕の乳首を吸い舐めてきました。

「ほらほら、ぼさっとしてないで私のオッパイも吸って！　ちょっとくらいなら噛んでもいいわ……ああっ、そうそう！　いいわ！」

「……んぐぐ、うぶっ……んじゅぶ、ぐふっ……！」

「あは、あは……んじゅるじゅる……アナタのたくましい胸筋もおいしいわあ！」

すると、下のほうからもマダ友Ｂの淫らにはしゃいだ声が。

「あ〜ん、すっごい大きくなってきたぁ！　太くて固ぁい！　うちの夫なんてバイア○ラ飲んだってぜんぜんなんだからあ……デカチンコ、サイコーだわーっ！」

そしてますます激しくしゃぶり上げられて……ヤ、ヤベェ！

僕はいきなり焦り始めていました。

想像を絶する飢え方で、上からと下からと同時に攻め込んでくる二人のマダムの勢いのあまりの凄さに、がぜん陰嚢の中の精液が沸騰し始めてしまったからです。

「……あ、あ、あ……ひゃっ、ヤバッ……んくあっ！」

切羽詰まった声が僕の口から漏れ出るのを聞くや否や、いよいよここの主である奥様が乱入してきました。「ほら、ちょっとどいて！」

そう言って、マダ友Bを突き飛ばすように僕の下半身から追いやると、限界ギリギリまで勃起したペニスにとりつき咥え、狂ったような勢いでしゃぶり始めました。

「はぁっ……お、奥様っ！　ダ、ダメです……ヤバいです……僕、もう……！」

そう呻いても、もう止めてくれません。その口撃は激しさを増すばかりで、こらえきれずに僕はとうとう、奥様の口の中にビュルルルッ！　と放ってしまいました。

奥様はそれを躊躇なくゴクゴクと飲み下すと、

「はぁ～っ、一発目はやっぱりフレッシュでいて濃厚で、とってもおいしいわぁ！　さあアナタ、まだまだイケるわよね？　本番はこれからよ！」

と言い、間髪入れずにまたシゴき始めました。

（おいおい、マ、マジか～～～～っ⁉）

さすがの僕も、なんのインターバルもナシに続けてというのは経験がありませんでしたが、今は四の五の言ってる場合じゃありません。必死で気合を入れると、ありがたいことにペニスは、ほどなくまた元気を取り戻してくれました。

すると奥様は、家主の特権とばかりにすかさず僕の上にまたがると、騎乗位で合体、体を大きく上下に弾ませ始めました。ヌチュ、ズッチャ、グッチャ、と湿った淫音を響かせながら僕らはピストン行為に没頭し、そこへ今度はマダ友Aとマダ友Bが乱入する形になりました。

モデル体型のマダ友Bが僕の顔の上にまたがり、すっかりグチョグチョに濡れたマ○コを口に押しつけてきて……同時にマダ友Aは僕の手をとって自分のマ○コをいじらせながら、僕の両方の乳首をコリコリと責め立ててきました。

「あ、あはぁん……いいわ！　もっとオマ○コ舐めてぇ！」

「そこそこ、もっと深く指でえぐってぇっ！」

そう喘ぎ悶える二人に、奥様のヨガり声が重なって……、

「あ、ああぁ……いいわぁ……子宮まで届いてるぅ！　んあ、あっ！」

乱れ舞い、もつれ合う三つの淫声に包まれながら、

(あ、あうう……こんなの激しすぎるぅ……ヤ、ヤベ……またっ！)

僕は他愛なく、二発目を放出してしまっていました。

こうして四つ巴の痴宴は、夕食の時間だけを挟んで延々と真夜中まで続き、午前一時近くに僕はようやくお役御免となりました。

翌朝、お手当の十万円を受け取り、迎えのハイヤーで駅まで送ってもらいながら、さすがの僕もすっかり消耗し、抜け殻のようになっていたんです。

■彼はまだ口中に残っているそばの一部もろとも私の舌に舌をからめてきて……

年越しそばの出前で韓流イケメンと一戦交えた大晦日の夜

投稿者 志村菜々緒（仮名）／27歳／パート

昨年の年末、大晦日にあった出来事です。

近所にけっこう人気のおそば屋さんがあるんですけど、年越しそばの注文と出前要請が殺到する十二月三十一日の大晦日だけ、一日限定でアルバイトしないかという誘いを受けたんです。午前十一時からそれこそ深夜十二時までの十三時間、そのうち交代で一時間ずつ二回の休憩があって、実働十一時間で日給一万五千円とのこと。時給にすると千三百円くらいになり、私が普段やってるスーパーのパートなんかと比べるとなかなか割のいい条件です。

あ、もちろん、おいしいおそばの賄い付きです。

夫に話すと、「まあ、前日までに大掃除やら何やら、年末のあれこれを済ましておけるのなら、いいんじゃない？」……って、全部私にやらせて、自分は何もしないつもりかーい!?　と、若干ブチギレそうになりましたが、そのアルバイト代でどうしても欲しい韓流ドラマのＤＶＤがあった私は、ぐっと文句をこらえたわけです。

そして年内のパート勤務を終え、三十日までに家庭内の年末仕事のすべてを必死でコンプリートした私は、晴れて翌三十一日、十一時からのおそば屋さんの一日限定アルバイト仕事に出勤しました。

すると、さすがは私をはじめ総勢四人の日雇いアルバイトを確保しただけあって、開店早々からたくさんのお客さんがなだれ込み、出前の注文も殺到！　おそばを作る厨房はてんてこ舞い、給仕するホールは大混乱、出前の配達は追いつかず……という想像を絶する状況が絶え間なく続く超修羅場状態に突入してしまいました。

そんなわけで、当初は一人あたり一時間ずつの休憩が二回とれるという話だったのが、急遽一回三十分に短縮されることになってしまい、思わず「え～～～っ⁉」な私たちでしたが、店主から「日給、あともう二千円、上乗せさせてもらうから、がんばってよ、ね？」と言われた日には、もうやるしかないってかんじですよね。

こうして、ほとんど休むヒマなし、立ちっぱなし、動きっぱなしの怒濤の時間が過ぎていき……ようやく午後十一時を回り、営業終了まで一時間を切って、修羅場の終わりが見えてきました。

と、そんなギリギリのタイミングで出前の注文が入りましたが、あいにくと手が空いているのは私しかおらず、この恐らく本日最後の出前仕事を完遂すべく、出前配達用のイマ風おかもちに注文品を入れた私は、原付にまたがり店を出ました。

そして五分後、スマホのナビで注文客である『斎藤さん』の自宅マンションの前に乗り付けた私でしたが、玄関の呼び出しチャイムに応えて出てきた相手男性客を見て、思わず心臓が止まるかと思ってしまいました。

なぜなら彼は、私の大のお気に入りの韓流スターにそっくりの、超々イケメンだったから！

「ゴクロウサマです。オイクラでしたっけ？」

しかも口から出た日本語はたどたどしく、見た目だけじゃなく、ほんとに韓国の人のようでした。彼は私から出前のおそばを受け取りながらも、その手はおっかなびっくりというかんじで、明らかに、おそばというものをどうやって食べるのかもよくわかってはいないようで……私は思わずこう言っていました。

「あの、よかったら、食べ方教えてあげましょうか？」

「え、ホントですか？　ウレシイなあ！　アリガトウゴザイマス！」

彼はその提案をとても喜んでくれて、早速私を室内に上げてくれました。

聞くと、彼は日本の大学への韓国人留学生で、一緒に住んでいる家主の日本人ルームメイトは今、地元へ帰省中。そんなお金の余裕のない残された彼は、一人で異国の地での年末年始を迎えるのだと。ついてはせっかくなので、せめて日本ならではの風習『年越しそば』ぐらいは味わってみたいと思い、出前を注文したそうです。

　私はその話を聞き、たまらなく胸がキュンとしてしまいました。孤独な彼の心情に思わず同情してしまったのです（ただしイケメン限定／笑）。

「そう……それは寂しいですね。日本のおいしいおそば、どうぞ召し上がれ」

　私は彼のそばに寄り添うと、二人羽織りのような格好で手をとり、懇切丁寧にざるそばの食べ方の作法を教えてあげました。私に言われたとおり、そばをつゆに浸して啜り上げた彼は、そのときに出た「ズルズルズル！」という音に、「あ、ス、スミマセン！」と謝ってきましたが、私は「ううん、大丈夫。それが正しい食べ方なのよ。気にしないで」とやさしく説明してあげました。

　そして、その彼のドギマギしたかんじが、もうたまらなく可愛くて……私は自分でも信じられない行動に出てしまっていたんです。再びそばを啜り上げた彼に向かって、「私にも食べさせて」と言うと、その口に自分の唇を重ねて、それこそ一段と激しく「ズルズルズルッ！」と音をたてながら、口移しでそばを啜り込んだんです。

　一瞬、驚いて目をまん丸にした彼でしたが、すぐに私の気持ちを察してくれたかのように、そのまま今度は自分の舌を私の口内に挿し入れてきました。まだ口中に残っているそばの一部もろともニュロニュロと私の舌にからめてきて、私はその甘美な恍惚感に陶然となってしまいました。

「あ、ああ……ア、アイシテマス……はぁ、はぁ、はぁ……」

彼の息遣いもどんどん激しくなってきて、私のカラダをカーペット敷きの床に押し倒すと、上からのしかかってきました。そして私の体をまさぐり回し、どんどん服を剝ぎ取ってきました。そして、そうされながら、私も下から手を伸ばして彼の服を脱がしていって……。

とうとう双方全裸になってしまった私たちは、お互いの肉体をむさぼるように舐めまくりました。ペチャペチャ、ルロルロ、チュパチュパ、ジュルジュル、ベロベロ……乳房を、乳首を、脇を、お腹を、へそを、お尻を、太腿を、足指を……そして、一番大事なオマ○コを、オチン○ンを……全身お互いの唾液まみれになって、生臭くも官能的な匂い充満する中、はち切れんばかりに荒々しく勃起したペニスと、熟れすぎた果肉のように乱れとろけたヴァギナが向き合い、触れ合って……とうとう深く熱くひとつに接合しました。

「ああっ！　はぁっ……す、すごい……オチ○ポ、深いぃっ！」

「はぁはぁはぁ……ああ、オマ〇コの中、とてもキモチイイですぅ……！」

彼の腰のピストン運動が見る見る激しさを増し、私の胎内の奥の奥まで掘り込んできて、その怒濤の気持ちよさに、私は全身を反り返らせてヨがり狂っていました。

「あん、あああっ……も、もう……イク……」

「んあぁっ……はぁはぁはぁ……ボ、ボクもッ……はぁっ！」

そうして私は、彼の熱すぎるほとばしりを胎内で受け止めながら、ビクン、ビクンと何度もカラダを震わせ、イキ果てていたのでした。

ふと気づくと、時計はもう十二時近くになっていました。

「あ、いっけない！　もう戻らなくちゃ！」

私はまだ胎内に彼の体液の一部を残したまま、慌ただしく服を着ると、帰り支度を始めました。その私に向かって、彼は「また会ってほしい」と言いましたが、その場は適当に受け流しました。

出前の注文を受けた時点で、こちらは彼の携帯番号を押さえているわけだし、そのうち韓流ドラマを観ながらエッチ気分が盛り上がったら、こっちから連絡しちゃおうかなーなんて思ってるんです。

■叔父にさわらされたそのペニスは、歳に似合わず、固く極太の逸品で……

DV夫から匿ってくれた叔父の老練な性戯の虜になって！

投稿者 絹山さおり（仮名）／29歳／無職

真面目でやさしかった夫が、会社での仕事の失敗、そしてその懲罰人事ともいえる降格・左遷をきっかけに、お酒に溺れ、私に暴力をふるうようになったのは、去年の春のことでした。

その激しさは日増しにエスカレートし、毎晩帰ってきてはお酒を呷り、ほんの些細なことでブチギレては私を殴る、蹴る……本当に青痣の絶えない日々でしたが、あるとき、それまでさすがにそれだけはやらなかった、ついに三歳の娘にまで手を上げようとした時点で、とうとう私は大きな決断をしました。

今日は何とか娘を守れたけど、このままだといつか必ず私のみならず、娘まで取り返しのつかない暴力の被害を受けることになる。

夫から逃げよう！

夫が離婚に応じてくれないのはわかっていましたから、私は娘とともにどこか守り匿ってくれる公的機関やＮＰＯ法人を当たったのですが、なかなか思うようにはいきませんでした。

そこで苦肉の策として、普段ほとんどつきあいのない、もうとうの昔に亡くなった母の弟……叔父に助けを求めることにしました。そもそも身内の少ない私でしたが、それでもある程度つきあいのある家だと、すぐに夫に知られ、見つかってしまう恐れがあったからです。

その点、叔父はもともと母と折り合いのいい姉弟関係ではなかったため、よくも悪くもわが家とはつきあいが疎遠で、ここなら夫の目も届かないと思ったのです。

でも、下手をしたら門前払いを食わされるかもしれない……そう危惧した私でしたが、意外にも叔父はいたく私の窮状に同情し、すぐにでも家に来なさいと言ってくれたのです。私は泣いて感謝し、その二日後に夫のいる自宅を密かに逃げ出すと、娘ともども叔父宅に身を寄せたのでした。

今年五十四歳になる叔父は、同じ歳の奥さんと二人暮らしでした。二人いる息子さんはそれぞれ自立し、もうすでに家を出ていました。なので使っていない部屋が二つもあり、私と娘はそのうちの一部屋を使わせてもらえることになりました。

当初は、さすがにただでお世話になるのは心苦しいと、私がパートに出ていくばくかでも叔父宅にお金を入れたいと言ったのですが、叔父は「外に働きに出て、もし運悪くダンナさんに見つかりでもしたら大変だ。当面は家でおとなしくしていなさい。生活費のことは心配いらないから」と言ってくれて、それはもう涙が出るほど嬉しかったものです。

そして叔父宅での生活が始まりました。

叔父も奥さんもとてもやさしく、娘のこともいたく可愛がってくれました。本当にどれだけ感謝しても、し足りない思いでした。

しかし、そんな叔父のやさしさと好意が、実は偽りのものだったと知るのは、それからほどなくのことだったのです。

その日、夜の八時すぎ、奥さんは近所の婦人会の会合で出かけていて、娘は昼間に遊び疲れたこともあって、もうすでにスヤスヤと寝入っていました。

私が、その安らかな寝顔を見ながらスマホをいじっていると、スルスルと部屋のふすまが音もなく開き、叔父が顔を覗かせました。

「おやおや、美佳ちゃん、もう寝ちゃったんだね」

「ええ、昼間、ほんとに楽しかったみたいで……もうバタンキューです」

私が応えると、叔父はいつものやさしい笑顔で、

「ああ、そうかい、そうかい。そりゃ起こしちゃったりしたらかわいそうだな。じゃあ、静かにやらないとね」

と、よくわからないことを言いながら、娘の布団を敷いたときに「ついでだから」と言って、もうすでに敷いてある自分の布団の上に座っている私のほうに、ジリジリとにじり寄ってきました。

そして、ジャージズボンを穿いた私の脚にふれてきました。

「……えっ？　あ、あの……何ですか？」

わけがわからず、私がうろたえながら言うと、

「ほら、さおりちゃん、最初に言っただろ？　いくらかでも家にお金を入れたいって。で、あのときは僕もいらないって言ったけど……ちがう形でなら、代価をちょっと払ってもらいたいなあって思って……わかるよね？」

と、叔父はさっきまでとは明らかにちがう、淫猥な笑みを浮かべながら言いました。

すぐにその意図を察した私は、慌てて叔父の手を払いのけようとしました。

「い、いや……それはちょっと困ります……か、勘弁してください……」

「ほお……いいのかな、そんなこと言って。もし僕にこの家を追い出されたら、美佳ちゃんともども路頭に迷うことになるんじゃないの？」

「……そ、それは……っ……」

叔父は返答に困っている私にグイッと近づき、耳元で囁くように言ってきました。

「ね、さおりちゃんさえ僕の言うこと聞いてくれたら、ずーっとこの家にいてもいいし、何なら逆にお小遣いだってあげてもいいよ？　ダンナさんから逃げられて、生活にも困らなくて、そのうえお金までもらえるなんて……こんないい話ないよ？　ん？」

そして、さりげなくジャージの上から私の胸にふれてきました。もう半ば寝る態勢に入っていた私は、すでに窮屈なブラを外してしまっていました。

その思いがけない感触の柔らかさに叔父は驚き、でもすぐに醜い笑みで嬉しそうに表情を崩しました。

「なんだ、もう準備万端じゃないか。いい子だ……」

「あ、あの、その……こ、これは、ちがうんですっ……」

私は必死で否定しつつも、だんだん自分の心が傾いていくことに気がつきました。

(この人の言うとおりかもしれない。私と美佳の二人が生き抜いていくためには……)

そんな心の揺らぎが、自ずと叔父に抵抗する力を削いでしまいます。

「ね、ね？　いいんだろ？　ほらほら、こうやってごちゃごちゃやってると、美佳ちゃんを起こしちゃうよ？　さあ、いうことを聞いて」

　叔父の手がジャージのジッパーを下げ、その下に着ていた白いTシャツの中に潜り込むと、私のナマ乳を両手で揉みしだいてきました。

「……んっ、んんん……はふっ……！」

　最初こそ抵抗感を覚えたものの、もうここ一年近く夫の手がふれず、それなりに性的にくすぶっているカラダです、思いのほか力強い叔父の愛撫に、どうしようもなく反応してしまうのを抑えられませんでした。

「ほぉら、もうこんなに乳首が立ってきた。気持ちいいんだろ？　もっと可愛がってほしいんだろ？　ん？　ん？」

　叔父がそう畳み掛けながら、私のジャージズボンの中にも、パンティをこじ開けて手を潜り込ませ、アソコをいじくり始めました。恥ずかしいことに、あっという間に濡れそぼったそこは、クチュクチュと淫靡な音を立てて応えてしまうのです。

「あふぅ……あ、はぁ……あん……」

「ほらほら、僕のもさわってみなさい。どうだい、すごいだろう？」

　そう言って手をとられ、叔父にさわらされたそのペニスは、歳に似合わず、まさに『男根』と呼ぶにふさわしい、固く極太の逸品でした。すぐ中折れしてしまい、私をシラけさせた夫の粗末なモノとは大違いです。私は無意識のうちにそれを激しくしごき立てていました。

「お、おお……しっとりして柔らかい手が気持ちいいよお！　うちのヤツのしなびた手とは大違いだ……た、たまらん！」

叔父は唸るように言いながら自らの下半身を剝き出しにすると、私のジャージズボンとパンティも脱がしてしまい……横向きに寝転がった私の背後にそっと重なるようにして身を合わせ、ゆっくりと後ろから挿入してきました。

「あっ、あ、ああっ……はぁ、あ……いいっ！」

「シッ！　美佳ちゃん起きちゃうよ。静かに……」

叔父は私をたしなめながらバックからゆっくり、でも深く力強く突いてきて、私はその老練なテクニックに翻弄され、静かに、でも確実に感じまくっていました。

「あ、ああっ……も、もうイキます……んんっ！」

「ああ、ぼ、僕も……う、ううっ！」

奥さんには申し訳ないけど、この先、娘との平和な生活を享受しつつ、叔父との秘密の甘美な関係が続くであろうことに、胸をときめかせた私なのでした。

■柔らかい乳房の膨らみに武骨な指が食い込んで揉みたて、さらに乳首に舌が……

映画館集団痴漢プレイは彼とのセックスの最高の前戯！

投稿者 熊澤真澄（仮名）／35歳／専業主婦

四十近くなってめっきりアッチのほうが弱くなっちゃったダンナを見限って、満たされない欲求不満を手っ取り早く解消しようと、不倫専門の出会い系サイトで知り合った相手とセフレ関係になって、もう丸一年。

私より二才年下の彼は二人の子持ちだけど、まだまだ精力絶倫でヤリ足りないという感じ。その貪欲なまでのパワフル＆ストロングなセックスに、当初はそりゃもう夢中になって、多いときは週イチで会ってハメまくってもらったものだけど、それも半年を過ぎた頃からだんだん飽きてきちゃって……不倫にも倦怠期ってあるのね？

だもんで、それからSMプレイとか、青姦プレイとか、不倫カップル同士のスワッピングとか、あの手この手で何とか新鮮味と刺激を得ようと工夫してるんだけど、最近はある特殊な『前戯プレイ』ともいえるシチュエーションにすっかりハマっちゃって……それで思いっきり気分と性感を盛り上げてから、ホテルへ行って本番エッチになだれ込むっていうパターンがお約束になってるの。え、その特殊な『前戯プレイ』って何だって? ふふ、それはね……

ズバリ、『映画館集団痴漢プレイ』!

え、よくわからないって?

いいわ、じゃあこれから、ちょうど先週愉しんだその一部始終を話してあげるから、どうぞ手元にティッシュを用意して聞いてちょうだいよ(笑)。

夜七時に駅改札前で待ち合わせた私と彼は、そのまま歩いて五分ほどのところにある、いかにも場末というかんじの古びたポルノ映画館に向かい、入口にある券売機で入場券を買うと(なんと一人五百円。激安!)、窓口のおばちゃんにそれを渡し、明るいロビーから、なかなか重厚な両開きドアを抜けて暗い館内へと入っていったわ。

そこは定員百人にも満たない席数の狭さで、座席を見渡すとあちらこちらにパラパラと七~八人の客が座ってる程度という寂しさだった。でも私と彼は、小声で「ああ、今日は盛況だね。なかなか愉しめそうだ」って話したわ。

え、七~八人のどこが盛況だって? まあまあ、焦らない、焦らない。

それから私と彼は暗い足元に注意しながら通路を歩き、一番前方、映画を映写しているスクリーンのすぐ前の真ん中あたりの座席に並んで座った。私たちの前には誰も座っておらず、脚も伸ばしたい放題っていう状況ね。

かかってる映画は昔のロマンポルノに毛が生えたようなぬるい内容で、今どきモザイクも使わず、ヤバイ局部や接合シーンは花瓶の花とか置物とかの遮蔽物でさえぎって隠すっていう、なんとも笑っちゃう造りなわけ。まあこんなのが一本立ての上映だから、ぶっちゃけ入場料五百円でも高いかもってかんじ？

でもいいの。

だって誰も映画なんて観てないんだから。

え、じゃあ皆、何をしにそんなところに来てるんだって？

はいはい、それをこれからこってり話してあげるから。

スクリーンが発する光に照らされて、いわば館内で一番明るい場所に陣取った私たちは、そこで互いの体に手を伸ばして抱き合い、キスし始めた。彼はいきなりディープに舌を入れてくると、ピチャピチャ、ジュルジュルとあられもなくエッチで大きな音を立てながら私の口を吸い、その姿はイヤでも館内にいる観客すべての目に映っているはず。

彼と舌をからめ合いながら周囲の雰囲気を窺い、私は期待どおり、お約束の光景が展開されていることを察し、思わずドすけベテンションが上がっちゃう。

それは、館内の薄明るい闇の中で、あちらこちらに散らばったお客たちがうごめきだし、音もなく一斉に私たちのほうに向かって移動を始めているっていう光景。

そう、私たちに対して『集団痴漢』を仕掛けるために。

そしてとうとう、私と彼は七～八人、皆に囲まれちゃった。

まず最初に中の一人が私の前にしゃがみ込み、スカートを穿いた両脚を大きく広げさせると、指でパンティの上から股間を刺激し始めた。もちろん、プレイに邪魔なのはわかっているので、今日は最初からストッキングは穿いてきていない。さらに別のもう一人が並んでしゃがみ込むと、その剝き出しのナマ足の太腿に舌を這わせ、敏感な内腿を中心にベロベロと舐め上げてくる。股間への指戯の刺激と妖しい舌のぬめりがあいまって、ゾクゾクするような快感が私の下半身全体に広がってく。

「んあっ、あ……は、はぁ……あん……」

私は思わず彼とのキスを中断して、甘い喘ぎ声をあげてしまう。

すると今度はまた別の一人が、私の空いているほうの隣りの席に座ってきた。そして私のブラウスのボタンをプチプチと全部外して前をはだけさせると、器用に背中のブラジャーのホックも外してしまい、ブラのカップがユルユルに浮き、ナマ乳が触りたい放題の状態にされちゃった。そしてその柔らかい膨らみに武骨な指が食い込んでムギュムギュと揉みたて、さらに乳首に舌がからみついてきて……！

「……あっ！　あん、はぁ……あっふうぅ……！」

ますます高まる快感に私が思わず顔をのけ反らせると、今度は座席の後ろに立ったもう一人が、自分の固く勃起したペニスを剝き出しにして、開いた私の口に押し込んできた。当然、恍惚&興奮状態の私はそれを躊躇なく咥えちゃう。

「んあっ……んじゅぶ、じゅる……ふあぁっ……んぐぶっ……！」

「んっ……おっ、おお……相変わらず上手だねえ……おねえさん」

あら、前にも咥えたことありましたっけ？　もう多すぎてわかんないわ（笑）。

そんなかんじで皆が寄ってたかって私を責め立てる中、ふと気づくと、なんと一人だけ私のことなんて眼中にナシとばかりに、セフレの彼のズボンのチャックを下ろして、無我夢中でそのペニスをしゃぶってるじゃないの！

「あうっ……うう、くふぅ……すげ、いい……」

たまらず喘ぎヨがる彼。

そう、こうやって中にはゲイの人も混じってて、男の獲物を待ち構えてることもあるのよね……ほんと、何でもアリだわぁ～～～。

あ、そんなこと感心してる間に、パンティ脱がされちゃった！

私の前に陣取ってる一人が指をオマ○コの中に突き入れ、もう一人が顔を寄せて口で愛撫してくる。ヌルヌル、クチャクチャと掻き回されると同時に、ジュルジュル、ペチャペチャと吸い舐められて……あ～ん、ダブルオマ○コ攻撃、たまんな～～い！

「あぶっ、んぐっ、んじゅぶ……ぬぶっ、んあぁっ……」

結局、一人が私のクチマ○コを犯し、二人がそれぞれ左右のオッパイをいじくり、二人がオマ○コを責め立て、一人がナマつま先を舐めしゃぶって……残る一人が彼のチ○ポを咥えてるから、今日の私たちは都合七人に集団痴漢されてるってことになる。

ほんと、相変わらずココは、期待にたがわず愉しませてくれるわ～。

さ～て、でもそろそろお時間かな？

これ以上されると私も彼もマジイキしちゃって、このあとのホテルでの本番エッチに差し障っちゃうからねえ。

私と彼は皆にさりげなくその意思を伝え、皆もここでの暗黙のルールに則って、素直に引いてくれて、速やかに私たちのカラダから撤退してくれた。

ほんと、こうやって映画館での集団痴漢プレイで盛り上がったあとの彼とのセックスって、めちゃくちゃ燃えるのよね～。

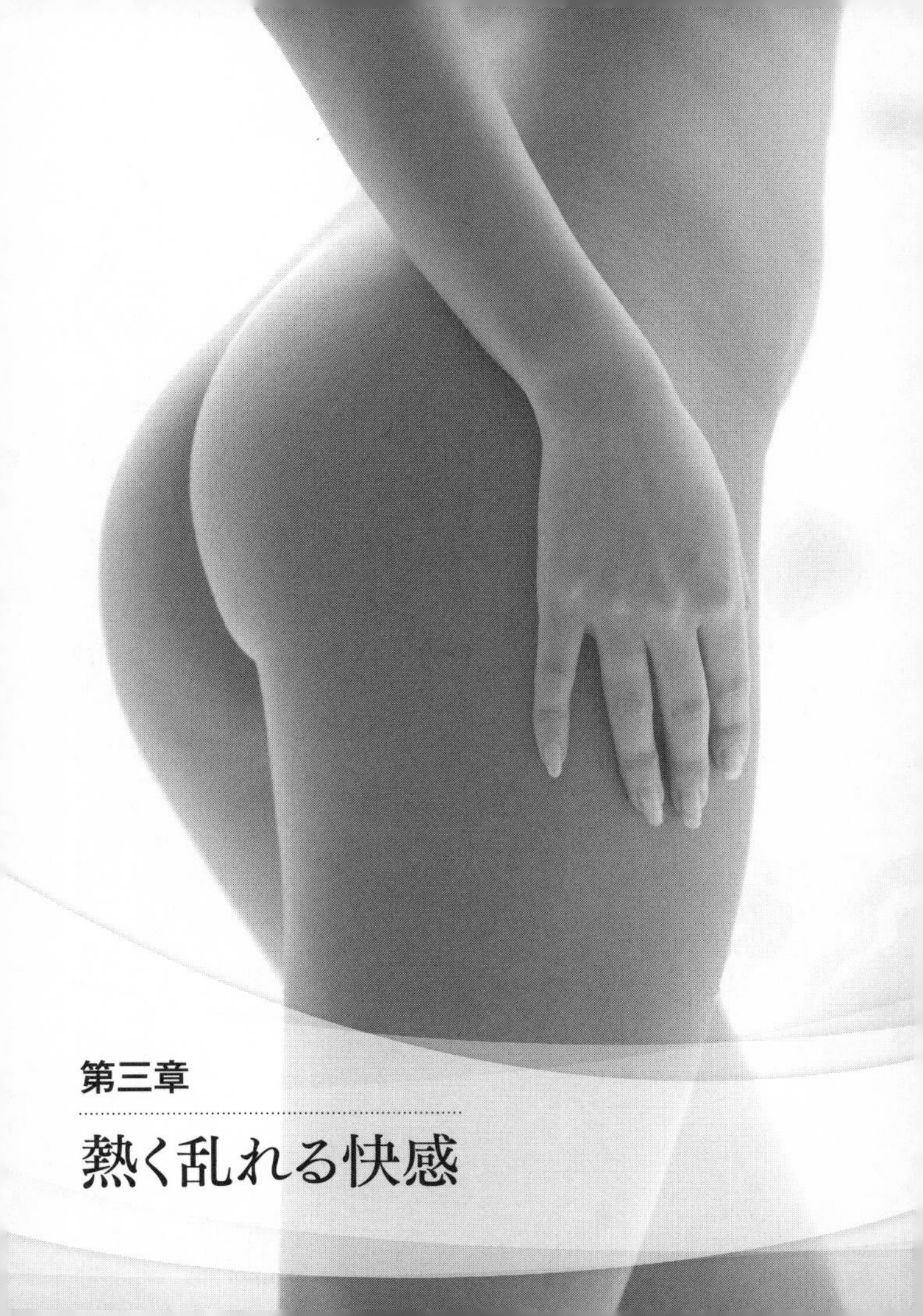

第三章

熱く乱れる快感

■私は自慢のフェラテクで吸い上げねぶり回し、タマタマも絶妙の塩梅で揉み転がし……

三組の夫婦でまぐわいハメ狂い合った淫熱の聖夜！

投稿者 朝倉詩織（仮名）／27歳／パート

私が住んでる賃貸アパート（２ＤＫ）は基本、子どものいない夫婦二人世帯が対象ということで、おのずと似たような世代の人たちが集まったかんじ？　特に二階の三世帯は私のところを含めて全員が二十代後半の若い夫婦ばかりで、けっこう仲良く家族づきあいさせてもらってる。

でもまさか、あそこまで仲良くなっちゃうとは思わなかったけどね…？

一番若い佐藤さん夫婦が、こんなことを言いだした。

「ねえねえ、今年のクリスマスは、皆で集まってホームパーティーしない？　やっぱまだ、外でワイワイやるのは、コロナ的に抵抗あるし……どう？」

すると、あっという間に皆、意気投合。

ワクチン４回摂取済み、ＰＣＲ検査陰性必須という条件のもと、三世帯でクリスマス・ホームパーティー開催決定という運びになった。

そして十二月二十四日のクリスマスイブ、私たち三組の夫婦は、二階の一番右端角部屋の田中さん夫婦の部屋を会場として集合。各自飲み物や食べ物を持ち寄って、夕方五時から和気あいあいとアットホームなパーティーがスタートした。

で、最初は皆、それなりに節度を持って飲み食いし、常識をわきまえた会話とやりとりを楽しんでたんだけど、それぞれにアルコール摂取量が増えていくと、自然とタガがゆるみ外れ、無礼講的空気が辺りを支配してった。皆、けっこうぶっちゃけたホンネの話をするようになり、挙句の果てには、

「えーっ、朝倉さんのところ、今でも週イチ～？　いいな～、うちなんかもう、よくて月イチだよ～？」

「うっそ！　うちはもっと……わあ、もう半年もヤッてないよ～っ！」

と、酔っぱらった三人の妻たちによる、夫婦エッチの赤裸々な実情が明るみに出される始末。そんな会話を聞かされるはめになった夫たち三人は、なんともいえず複雑な表情しちゃってるわ。

でもそこで私、違う方向に話を持っていけばいいものを、よせばいいのに、

「うふふ、そうそう！　うちの人、アレも大きいし、強いんだ～！　妻の私がいうのもなんだけど……っていうか、妻の私がいうのだからまちがいない！　うちの夫のセ

ックス、サイコーよお！」

なんて、酔った勢いもあって高らかに宣言しちゃったものだから、さあ大変！

「ええっ、マジマジ？　いいな、いいなー！　ねえねえ、お宅のダンナ、貸してくれない？　そんなサイコーのセックスする人と、一度お手合わせ願いたいわ～！」

田中さんがそんなこと言いだして、佐藤さんもまんざらでもないノリ。

「ですって、朝倉さんのご主人～っ！　私たちとエッチしてくださいよ～！」

と、まさかのムチャ振り！

私が「アチャ～ッ！」って思ってると、ここで口を出してきたのが、なんと佐藤さんと田中さんのご主人たちだったのね。

「おいおい、おまえら、さすがの朝倉さんも一度に二人相手はきついだろ！　一人ずつ順番にやるとして、その間、他の皆は別の相手と試すっていうのはどうかな？」

「うん、そりゃいいね！　俺、佐藤さんの奥さんとヤリたい～っ！」

「え！　じゃあ俺は朝倉さんの奥さんと！　ほら、おまえが一番先に朝倉さんのご主人とヤッていいぞ！」

田中さんのご主人、佐藤さんのご主人が口々にそんな勝手なこと言いだして……でも、いったん暴走し始めた場の空気って、ほんとコワイわよね～？　私も含めて皆、すっかりその気になっちゃって、次々に服を脱いで裸になり始めて。

「いやん、ラッキー！　じゃあ朝倉さんのご主人、お願いします〜っ！」

田中さんの奥さんが自らブラをとって豊満なバストを揺らしながら、私のダンナに抱きつくと、一瞬、ダンナは私に若干すまなそうな目線を飛ばしたものの、すぐに向こうに向き直って、田中さんの奥さんのバストを揉みながら乳首を舐めだした。

「んあっ、あん、ああん〜〜〜〜〜っ！」

そのヨガリ声が正式な号砲になったかのように、三組の夫婦・六人の男女の性の饗宴が暴走を始めちゃった。

「じゃあ、朝倉さんの奥さん、お願いしまーす！　自慢じゃないけど、俺のムスコもなかなかいい仕事しまっせ〜っ！」

佐藤さんのご主人がそう言いながら、股間のモノを私の顔の前に突き出してきて。でもたしかにそれは、うちのダンナのと遜色のない立派なイチモツで……私はさして抵抗もなく、ひざまずいてソレを咥えてた。自慢のフェラテクで吸い上げ、ねぶり回し、タマタマも絶妙の塩梅で揉み転がして。

「くぅ〜〜〜、気持ちいい〜〜！　朝倉さんの奥さん、サイコ〜ッ！　おい、おまえ！　おまえもちっとは朝倉さんの奥さんのテク、見習えよ！」

佐藤さんのご主人がそう言うと、

「うるさいわね！　さあ、田中さん、私らは私らで仲良くやりましょ？　んぐ！」

そう言いながら、佐藤さんの奥さんが田中さんのご主人の股座にむしゃぶりついて
……二人体勢を入れ替えて、濃厚なシックスナイン・プレイが始まっちゃった。

私が佐藤さんのご主人のをしゃぶりながら、うちのダンナと田中さんのほうを見やると、すでに二人は全裸でしっかりと合体してて！

「んあっ、あ、ああん……す、すごい～！　朝倉さんのご主人のチ○ポ、ドリルみたいにギュンギュン私のアソコ掘りえぐってくる～……あふん、あん、あん、だめ……私もう、イッちゃうよ～～～～！」

後ろからうちのダンナにグイグイ突っ込まれながら、四つん這いになって腰を振り乱して悶え狂う田中さんの奥さん。

どう？　うちのダンナ、サイコーでしょ？

思わず自慢げに思っちゃう私だけど、そんな私のアソコを剥いて、佐藤さんのご主人がイチモツを突き入れてきた。

「あうっ！　はぁはぁ……あ、ああん！」

ちょっと油断していたのもあって、私はそのいきなりの衝撃的カイカンにノックダ

ウン！　四、五回、ピストンされただけでイキ果てちゃった。

そして、三組それぞれがいったん終わると、私たちは次々と相手を替えてプレイに及んでいって、ひと通り巡回すると、今度は六人同時の乱交セックスへとなだれ込んでいった。

途中、ハッと気づくと、田中さんのご主人にバックから突かれてる私のすぐ目の前に、佐藤さんの奥さんのアソコを舐めてるうちのダンナの顔があったりして……なんともえも言われぬ、妖しく錯綜した時間を過ごさせてもらったかんじ。

ただ、まあまあ楽しく刺激的なクリスマスイブの饗宴だったけど、私としてはやっぱり自分のダンナとのエッチが一番という事実を実感したかんじで、また同じことをやりたいとはあんまり思わなかった。他の皆は違うみたいだったけど。

またうちのダンナとのエッチを虎視眈々と狙ってる気配が…？

はてさて、このご近所づきあい、続けたほうがいいのかな？

■信じられない膨張率！　軽く夫のものの一・五倍はありそうな代物です……

アニオタのキモ男だとばかり思った同僚教師の快感巨根

投稿者　桑島みちる（仮名）／30歳／教師

　ようやく長いコロナ自粛が終わり、授業などの制限も概ね解除、私が教師として勤める私立中学も以前の通常態勢に戻ることになりました。ついては、いつも杓子定規なことしか言わない堅物でつまらない校長が、珍しく気の利いたことを言いだしました。曰く、

「あの苦しく陰鬱だったコロナ禍がようやく終わったんです。ここはひとつ、気分転換に全校を挙げてクリスマス祭を開催しようじゃありませんか！」

　ということで、一年から三年までの各学年をクラスごとに合わせて大きく三つのチームに分け、合唱・演劇・クラス展示・その他エンタメ（お笑い・手品・バンド演奏など）という四ジャンルで点数を競い合う形でのクリスマス祭が行われることになったのです。とはいえ受験を控えた三年生など、「だる～っ！」「そんな暇があったらもっと補習してほしいよ～」など、最初は文句たらたらだったのですが、いざ、各自の

担当ジャンルが決まり、本番に向けての打ち合わせ、練習が始まると、がぜん皆、一生懸命になっちゃって……やっぱりこの間、二年以上に渡って溜まった鬱憤を何らかの形で発散したかったのでしょうね。

そんな中、私はA・B・Cの三チームの中から、Bチームの演劇ジャンルの指導・監督を任せられることになりました。高校・大学と演劇部、演劇研究会に所属していたことが、上の耳に入ったようです。

そして副担当には男性教諭の田中先生（三十三歳）が付き、私のサポート全般に当たってくれることになったのですが……実は私はこの、田中先生がちょっと苦手で……専門の数学教師としてはとても優秀で、教え方も上手いと生徒たちからの評判もいいのですが、生理的にキモいというか……（ごめんなさい！）。

まだ若いのに頭はハゲ散らかり（ほんと、重ねてごめんなさい！）、お世辞にも締まっているとは言いがたいメタボ体型。おまけにけっこうなアニオタで、よくわからない美少女キャラの絵のついた所持品を嬉しそうに持ち歩いているという……もちろん、独身です。

別の学校で教師を務める夫にそのことを話すと、

「まあ、アニオタならアニメいっぱい観てるだろうから、生徒と演劇を作っていくに当たって、作劇とか演出とか、いいアイデア出してくれるんじゃないの？　頼りになりそうでよかったじゃん」

と、半笑いで言う始末。

私としては、なかなか憂鬱な気分でしたね。

ところがです、いざ、クリスマス祭に向けて、一緒に打ち合わせや作業を進めてみると、これが本当に夫が言ったとおり、すっごくアイデア豊富で指導も的確、マジめちゃくちゃ頼りになる存在だったのです。しかも、私が今まで抱いていた先入観やイメージ、そして外見に反して（またまたごめんなさい！）教育に対してものすごく熱いハートと確固とした考え方を持っている人であることがわかって、私はがぜん彼のことを見直し、むしろ尊敬するようにさえなっていったのです。

こうして、私と田中先生の間にはしっかりと信頼関係が生まれ、それを中心に生徒たちの団結力・チーム力も高まっていった結果、クリスマス祭本番の演劇部門で私たちＢチームの演劇班は、なんと見事一位を獲得することができたのです。

それはもう嬉しかったですね。まあ全体の結果としては、Ｂチームは総合で最下位の三位だったのですが。

演劇班の生徒たちとの、お菓子やジュースを買い込んでの祝勝会で盛り上がったあと、私は田中先生に担当教師二人だけの慰労会を提案しました。お酒でも飲んで改めてお互いの頑張りを讃え合いましょうと。

すると、なぜか最初、

「いや、そんなのいいですよ……僕、あんまりお酒飲めないし……」

と及び腰だったのを、私はなんとか説得して、その週末の金曜日、学校が終わったあと、駅前の居酒屋に二人で行くことになったのでした。ちょうどその日、夫は他県で数学教師有志たちとの二泊三日の研修会に出かけていて不在で、私も気楽なものがありました。

居酒屋で二人、奥のほうの席に座ると、私と田中先生はまずはビールで乾杯しました。それからあれこれと話しながら、あまり飲めないという彼に配慮してチビチビとやっていたのですが、意外にもどんどん向こうのピッチが上がっていって……どんどん飲み、酔い、勢いのついた田中先生は、まさかの、こんなことを言いだしたんです。

「桑島先生……いや、みちる先生って呼んでもいいかな？　僕、ほんとはもうずっと、みちる先生のことが好きだったんです……！」

「え、ええっ⁉　そ、そうなんですか？」

「……でもどうせ、こんなキモい僕のことなんか端から相手になんかしてくれないだろうと思って、ずっと言えないでいたんですけど……」

いやいや、その前に私は人妻だって。

私は心の中でそんなツッコミを入れつつも、なんと！　必死に、そして熱く告白する田中先生のことが、たまらなく愛おしくなってきてしまったのです。私は黙って彼の手を握っていました。

ハッとしたように、私の目を見つめる彼。

「いいわ。今日だけ、私たちの祝福すべき晴れの日である今日だけ、二人だけで特別な祝勝会を開きましょう？」

「そ、それって……？」

今にも泣き出さんばかりの彼を立たせ、その手を引っ張ると、レジでお会計を済ませたあと店を出て、私はまっすぐ近くのホテルへと向かったのでした。

「ほ、本当に、いいんですか……？」

まだ半信半疑の様子でそう訊く田中先生の服を脱がせながら、私は言いました。

「いいも何も、私こそこれまでずっと田中先生のことを誤解してて……この間、あなたという人のよさを知ることができて、本当によかったわ。もちろん私は結婚してる身だから、この先もつきあうわけにはいかないけど、今日だけは、あなたという人を全身で感じたいと思う……だから、さあ……」

私にそう促され、彼はズボンと下着を脱ぎ、裸の下半身をさらしました。そして私も自ら服を脱いで裸になると、彼の前にひざまずき、その決して大きくはないペニスをやさしく手にとり、咥えてあげたんです。

「あ、ああっ……そ、そんな……みちる先生っ……！」

「いいのよ、全部私に任せて……」

驚き喘ぐ彼の声を聞きながら、私は夫にさえしたことのない熱心さでペニスをしゃぶってあげました。この間にも、ますますどんどん、田中先生のことが好きになる自分がいました。

すると、驚くべきことが起こりました。

さして大きくない、むしろ皮をかぶって短小気味だとさえ思った彼のペニスが、見る見る巨大になっていって……なんと、最終的に全長二十センチ超、直径六センチ超はありそうな立派なイチモツへと変貌を遂げたのです。

信じられない膨張率！　軽く夫のものの一・五倍はありそうな代物です。

がぜん、私の欲望テンションも爆上がりし、顎が外れそうな勢いでしゃぶりながら、乳首はツンツンに勃起し、アソコもドロドロに濡れてきてしまいました。

「あ、ああ……田中先生のコレ、とってもステキよお……こんなすごいの、見たことない……ねえ、ちょうだい！　私のココに、コレを……！」

「あ、ああっ……みちる先生っ！」

彼は上半身も服を脱ぎ捨てると、すごい勢いで私に覆いかぶさってきました。そして次の瞬間、私のこれまでの男性経験の中で感じたことのない、バケモノのような肉のインパクトが股間の秘貝を引き裂き、貫いてっ……！

「んあああぁあっ！　はぁっ！　……ひあぁ……し、死ぬ〜〜〜っ！」

その信じられない快感衝撃に、私はメスブタのように無様に啼きわめきながら、悶えよがっていました。

な、なんてすごいの……こんなセックスがこの世にあるなんて……！

私は立て続けに四度も絶頂に達し、その後、彼のすさまじい量の精液をこの身に浴びました。そして、前言撤回……、

『こんなすごいセックス、一度だけだなんて耐えられない』

というわけで、田中先生とのセフレ関係を続けることにしたんです。うふ。

■肉棒と肉ひだが絶妙にからみ合い、刺激し合いながら、オンリーワンの快感を……

元セフレの入院患者と淫らな焼けぼっくいに火が点いて

投稿者　吉永真麻（仮名）／28歳／看護師

まさかまさかで、びっくりしちゃった！

私、とある整形外科病院でナースをしてるんですけど、ついこの間、交通事故で救急搬送されてきたのが、昔の知り合い男性だったたんです。負傷の程度は右大腿骨骨折で、約一ヶ月程度の入院見通し。

で、私の担当患者になるということで、正直、ゲゲッ！　と思っちゃいました。カレ、ユウヤっていうんですけど、さっきはさりげなく知り合い男性って書いちゃったけど、実はぶっちゃけ……セフレ？　私が看護学校時代、クラブに行ったときにナンパされて以来、すっごくカラダの相性がよくって、月に二、三回は会ってヤッちゃってたかんじで。

結局その後、某有名企業勤めで安定性と将来性に勝る今のダンナと知り合ったことで、ユウヤとは別れちゃったんだけど、しばらくはダンナとエッチしてても物足りなくて、ユウヤとのエッチのよさを思い出してはオナニーしてた始末。

そんな状態が落ち着いたのがわりと最近で、ようやくダンナとの『中』程度のエッチ・レベルにカラダが慣れてきたっていうところに、まさかの『特上』レベルのユウヤ、再び現る！　ってことで、私の心とアソコはザワザワザワ……！　がぜん浮足立っちゃったっていうワケなのです。

なのに、こともあろうに一ヶ月もの間、担当看護師として治療ケアから日常のお世話までやりつつ、一方でエッチな気持ちでの接触はご法度だなんて……。

あ～ん、こんなの生殺しだよーっ！　と。

ね、あなたが私でも、ゲゲッ！　って思うでしょ？

しかも悪いことに、いやでも周囲の目が気になる大部屋ならともかく、ユウヤの家ったらムダに（笑）まあまあのお金持ちなものだから、なかなかリッチな個室入院ってことで、もう、人目を気にせずエロいことができるチャンスタイムがよりどりみどり……く～っ、悩ましいわ～～～っ！

でもしかし、私は己の欲望よりもナースとしての職業倫理を遵守して、そりゃもう必死に真面目にがんばりましたとも！　たとえ、右太腿にがっちりギプスをはめて入浴できない状態の体を清拭してあげてるとき、ユウヤに、「ほらほら、ガマンしないで、おまえが大好きなオレのチ〇ポ、咥えていいんだぞ？　ん？」と言って誘われようが、朝、「ほらほら、オレ今、ギンギンの朝立ち状態！　乗っかるなら今だぜ！」と煽られようが、内心ヨダレを垂らしながらも、堪えて堪えて堪え忍んで……！

と、そんな状態がしばらく続いたのですが、ようやくユウヤも私にちょっかい出すのに飽きたらしく大人しくなり、私もだいぶ自制心が強くなってきたようで、個室での双方のやりとりも次第に落ち着き、普通に入院患者とナースのそれになっていきました。私としては内心ちょっと寂しいけど、まあ一安心というところでしょうか。

ところが、ユウヤもいよいよあと一週間足らずで退院という時期になって、そんな私を、いわゆる『焼けぼっくいに火が点く』状態にしてしまう出来事が起こってしまったんです。

私が当直の晩、夜中の一時すぎ頃のことです。

病室の巡回をしていた私は、ユウヤの個室のほうから妙な物音が聴こえてくるのに気づきました。訝しみながらそっと近づき、個室のドアを薄く開けて中を覗いてみると……な、なんと！

「あ、ああん……ユウヤァ……いいわぁ、オッパイもっと舐めてぇっ……」

「はぁはぁはぁ……ああ、たまんねぇ……」

そう、ユウヤが密かに個室にオンナを引きずり込んで、うらやましい、もとい、いかがわしい行為に及んでいたんです。

私はブチ切れました。

こっちが必死でヤリたいのをガマンして、真面目に職務に徹してるっていうのに、そっちは好き放題しやがって！　許さん！

「ちょっと！　あなたたち、夜中に病室で何やってるんですか！」

いきなりドアを開けながらそう言い放ってやると、

「わ！　わわわわ、ご、ごめんなさーい！」

と言って、慌てて女のほうがベッドの上から降り、衣服を整えながら外へ飛び出していきました。

その姿を見送ったあと、私がユウヤのほうに目を向けると、彼は何か文句を言うでもなく、ただ黙って私の目を見返してきました。その姿は上半身裸で、下もまだギプスの取れない右太腿部分以外は何も穿いておらず、広げた両脚の間からは、あのかつて何度もお世話になった見慣れたペニスが、巨大でたくましい勃起状態でそそり立っていました。しかもその形状は微妙に右曲がりで……そう、これこそが、ユウヤと私の抜群のカラダの相性のヒミツ……私のヴァギナの形状に、ユウヤのペニスの形状がこれ以上ないほど気持ちよくジャストフィットするんです！

「あ〜あ、せっかくヤレると思ったオンナ、行っちゃった……ねえマアサ、こんなになっちゃったオレの……どうしてくれるの？」

「そ、そんなの知らないわよ！　勝手に自分で処理すればいい……」

「ほんとにそれでいいの？　今コレ入れると、最高に気持ちいい状態だよ？　ん？」

強がってはみたものの、ユウヤの巧みな追い込みに、私もだんだん劣勢になっていきました。

ああ、ユウヤの右曲がりのステキなチ○ポ……入れると最高に気持ちいいチ○ポ……私を誰よりもイかせてくれるこの世でたった一つのチ○ポ……！

「ああっ、だめ！　もうガマンできないっ！」

とうとう、忍耐という名のダムが決壊しました。

私は息せき切ってナースズボンとパンティを脱ぐと、上着のボタンを外して前をはだけ、ブラも取って裸の胸をあらわにしながら、ユウヤが上半身だけ起こして寝そべっているベッドの上によじ登りました。そして自分からギュウギュウと乳房を彼の顔に押し当てながら、ギンギンの勃起チ○ポを掴みました。さらにニギニギと例のあの愛しい形状を確かめながら、不自由な太腿を巧みによけつつ上から腰を下ろし、ズブズブとヴァギナにソレを呑み込んでいったんです。

「……あ、あぁっ……これよ、これ！　このチ○ポが欲しかったのぉ！」

私は我を忘れてそう悶え喘ぎながら、激しく腰を振り立てました。ズプズプ、ヌブヌブと肉棒と肉ひだが絶妙にからみ合い、刺激し合いながら、オンリーワンの快感を生み出し、瞬く間に私を絶頂へと押し上げていきます。

「あひっ、ひぃ、んあっ……あふ、あぁん……はぁっ！」

「おう、いいぜぇ、マアサ……やっぱりおまえのオマ○コ、サイコーだぁ！」

「あん、あ、も、もうダメ……イ、イク……イクのぉ～～っ！」

「く、くぅ～～っ、マアサ～～～ッ！」

私たちはほぼ同時に、久しぶりに最高のクライマックスを迎えていました。

このとき、まあまあ声出して辺りを騒がせちゃったので、ナース長からちょっとした小言をちょうだいしちゃったけど、何せ私、普段は他の誰にも負けない優秀な人材なもので、それに免じて大事には至りませんでした。

ただし、再び燃え上がっちゃった私とユウヤの関係が、これからもちょっとあとを引きそうで……こっちのほうが大事に至らないよう、気をつけようと思います。

■グニャリと柔らかい肉ひだをめくり上げるように、彼の固い肉棒が私の中に……

白昼堂々拉致られヤラレた私のミニSEXYボディ

投稿者 長崎公佳（仮名）／32歳／専業主婦

いやー、ほんと、人生、いつどこで何があるかわかりませんねー。

この間、私が体験した、とんでもない出来事をお話ししたいと思います。

まずその前に、私、小学校一年生の息子がいる専業主婦なんですけど、すでにもうじき、発育のいいその息子に背を超されそうなぐらい、とにかく体格が小柄なんです。その身長は一四二センチで、体重三十八キロ。ね、小っちゃいでしょ？　でもそのくせ、バスト八十八センチ、ウエスト五十八センチ、ヒップ八十四センチという、かなりメリハリの利いたプロポーションで、ある意味個性的な、目立ちやすい見た目をしています。

で、そんな私が、お昼少し前にスーパーへ買い物に行こうと、自宅マンションを出て、いつもの路地を歩いていたときのことです。

その辺りは普段からあまり人通りがなく、その日も私の他に歩いている人は一人も見当たりませんでした。とはいえ、もう慣れた道なので、別段寂しさや不安を覚えることもなく、鼻歌混じりに歩を進めていました。

と、そのときです。

いきなり私の身体がふわりと浮き上がると、ものすごいスピードで宙を移動し始めたんです！

えっ⁉　ちょ、ちょっと、なになにっ⁉

一瞬、私は一体何が起こっているのかわかりませんでしたが、すぐにいかつい体格の男性が私の身体をガッシリと小脇に抱え上げ、道を走っているのだと認識しました。相手にとってあまりにも私の身体が小さく軽く、信じられないほどの手軽さでヒョイと持ち上げられたので、私のほうもまるで実感を持てなかったようでした。

が、とにかく一大事です。

私は周囲に向かって「助けて！」と声をあげようとしたのですが、そのタイミングがわずかに遅く、口も相手の分厚い手のひらによって覆われ、叶いませんでした。しようがなくジタバタするだけの私でしたが、相手にとってそんな抵抗など屁でもない様子で、私を抱える腕の力も、走るスピードもまったく衰えることなく、もうなす術もありませんでした。

私、一体どうなっちゃうんだろう？

ただただ恐怖と不安に苛まれるばかりの私でしたが、それから数分後、ようやく謎の拉致犯の疾走が終わり、何かの建物の中に入りました。

その内部の様子から、どうやら小さなプレハブ小屋のようでした。

私は思い当たりました。

そういえば、少し前までこの辺でちょっとした道路工事をしていて、そのための詰所というか事務所として、こんな建物が立ってたっけ……工事自体は終わったけど、まだこのプレハブのほうは撤去されてなかったのかしら？

と、今現在、自分がどこにいるかはおおよそ見当がついたものの、問題はそこじゃありませんでした。

一体なぜ、自分はここにいるのか？

その答えは、すぐにいやでもわかりました。

白昼堂々自分をいきなり拉致した男は、改めて声封じ用の布切れを私の口の中にねじ込みながら、今にもヨダレを垂らさんばかりの表情でこう言ったんです。

「現場作業しながら、いつも前を横切っていくアンタのこと、ずっと見てたんだ。むしゃぶりつきたくなるほど、イイ女だなあって……オレ、でかい女はあんまり好きじゃないから、アンタみたいのが理想のタイプなんだ」

どうやら道路工事をしていた作業員の人のようでした。

「で、毎日毎日、アンタのこと見てるうちに、もう抱きたくて抱きたくて仕方なくなっちまって……とうとう工事が終わって、今度はまた違う現場に行かなきゃならなくなったもんで、最後に思いを遂げてやれ！　……って」

言いながら、彼は私の服を脱がせにかかっていました。

我ながらおかしなもので、ことのあらましがわかると、それまであった恐怖感や不安といったものは弱まり、別の思いが湧き上がってきました。

くっそ～っ、すべては私が小さかったからか～っ！

小さかったからこの人を欲情させ、小さかったからいとも簡単に拉致られて。

自分のこんな体格、ほんと恨むわ～っ！

とか思ってるうちに、私の上半身の服は脱がされ、ブラも取られてオッパイ剥き出しにされてしまいました。

「くうっ！　丸くて大きくて白くて……おお、おまけにチョー柔らけえっ！　た、た、たまらんっ！」

彼は両手で左右のオッパイをムギュムギュと揉みながら、さも嬉しそうにそう言うと、続いてチュパチュパ、ジュルル、チュ～～～ッと、乳首を舐め回し、吸い立ててきました。

「……んっ、んん、んぐふぅぅ……ぐうぅぅ～～～～っ！」

最初はその力まかせの吸引に苦痛を感じた私でしたが、それでもしつこく吸われ続けるうちに、いつしか甘い感覚が乳房を侵していって……とうとう否定しがたい快感に悶え喘いでしまっていました。

「おうおう、そうかそうか、アンタも気持ちいいんだな？　ほら、オレのだってもうこんなだぜ！　どうだ、ビンビンのガチガチだろっ？」

言いながら、彼が灰色の作業ズボンを脱いで見せつけてきた男性器は、たしかにそのとおり……全長十五～十六センチほどに雄々しく立ち上がり、私の乳首の先端に押しつけられてきた亀頭は、今にも破裂せんばかりにギチギチに固く、熱く張り詰めていました。彼はそうやって男性器で乳首をなぶりながら、一方で下部に伸ばした手で私のパンツのジッパーを下ろし、パンティもこじ開けて内部に滑り込ませてきました。そして私の女性器を指でいじくり始めて……。

「おおっ！　こっちのほうももうヌレヌレのグチャグチャじゃねえか！　アンタもスケベだね～っ？　こりゃもう早く入れてあげなきゃ殺生ってもんだ。ほら、これ取ってやるから、その口で直接、「入れて」って言ってみな！　ん？」

ちょっと意地悪な口調でそう言われながら、口から布切れを抜き出された私は、一瞬今こそ大声をあげてやろうかと思いましたが……それよりも、もうすぐ目の前に突き付けられている、性交による快感への欲求のほうに負けてしまったんです。

「はぁ、ああ……い、入れて……そのおっきいオチン○ン、私のオマ○コに早く入れてぇ～～～～っ！」

恥も外聞もなく訴えてしまっていました。

すると彼は、これまでにも増してにんまりとイヤラシイ笑みを浮かべると、私のパンツと下着を脱がせ、勃起した男性器を振りかざしながら、横たわった私の上に覆いかぶさってきました。

「よ～し、それじゃあ入れるぞ！　く～っ、嬉しいなあ～っ！」

「……あ、はふっ……うあっ……！」

グニャリと柔らかい肉ひだをめくり上げるように、彼の固い肉棒が私の中に侵入してきて、ゆっくりと抜き差しを始めると、たまらない喜悦の感覚が湧き出してきました。それは、抜き差しのスピードが速く、そして貫きが深く激しくなっていくに従って、濃ゆく旨味を増していき……、

「んあっ、はあっ、あ、ああっ……ひあぁっ！」

「くほぉっ……アンタ、見た目もいいけど、中身もサイコーだな！　ミチミチのマ○コで、チ○ポとろけちまいそうだぜぇ～～っ！」

互いの淫声が高まり、双方の性感はとどまることを知らず、ぐんぐん上昇を続けていきました。

そしてとうとう、私は臆面もなくカラダを海老反らせながらイキ果ててしまい、相手も寸前に男性器を引き抜くと、ドピュドピュッ！　と大量のザーメンを私のお腹目がけて吐き出しました。

「あ～、最高に気持ちよかったぜ！　これで思い残すことなく次の現場に行けるってもんだ。アンタ、ありがとうな」

相手は妙に爽やかにそう言うと、手をあげて去っていきました。

まさか、自分のカラダの小ささゆえにこんな目にあっちゃうなんて……つくづく、人生、いつどこで何があるかわからないものですね。

皆さんもどうぞお気をつけて。

■彼の肉の分身が、私の肉ひだをえぐり掻き分け、奥へ奥へと突き貫いてきて……

パートのレジ接客で知り合った彼との背徳の白昼ラブ

投稿者 正田十和子（仮名）／34歳／パート

スーパーでレジのパートをしてます。

週三勤務で働き始めて半年になろうとしていますが、そのくらいになるとそれなりに顔なじみのお客さんもできてくるというものです。

私のシフトはたいてい午後三時から夜の七時といった辺りなのですが、いつもその上がり時間直前の六時半頃にやってくる松永さん（三十八歳）という男性客もその一人でした。

顔を認識し始めた最初の頃から、「やさしそうな雰囲気の人だなあ」という印象はあったのですが、日々接客をしながら二言三言、言葉を交わすうちに、ますますその印象が確固たるものになり、加えて彼のある程度のプロフィールが知れるようになりました。

松永さんはこの町にある紡績会社に勤めていますが、奥さんと子供のいる家は遠く離れた県外で、そこにある本社からの単身赴任ということでした。会社が用意してくれた六畳一間のアパートに住み、ほぼ毎日自炊生活を送っていると。

「大変ですねえ」と、私が言うと、

「いや、家にいるよりも気楽で、けっこう毎日が快適ですよ」

と、冗談めかした笑顔で応えてくれましたが、私はなんとなく、奥さんとはあまりうまくいっていないのかなと、敏感に感じるものがありました。

なぜなら、私がそうだったからです。

夫とは今年で結婚五年目になりますが、未だに子供ができず、それもあってか夫婦間の雰囲気が次第に悪くなり、いつの間にかセックスレス……家に夫と二人きりでいると、妙に息苦しく感じてしまうくらいなのです。

こうしてなんとなく、お互いの間に相通じるものを感じた私は、どんどん松永さんに対して特別な親近感を覚えていき、それは彼のほうも同じだったのではないかと思います。

そんなある日のことでした。

いつもどおりレジ接客しているときに、松永さんが肉じゃがの作り方について、私に簡単なアドバイスを求めてきました。そのときはレジにたくさんのお客さんが並んでいたため、満足に答えることができなかったのですが、その次に彼を接客したとき、私は簡潔に要点をまとめたメモ書きを用意して渡してあげました。

そのときの彼の嬉しそうな顔ときたら……！

ある意味、調子に乗った私は、そのまた次の接客の日、彼にまた別のメモ書きをこっそりと渡したのです。

『肉じゃが、うまく作れましたか？　もしよかったら、私がそちらまで伺って直接お手伝いしましょうか？』

我ながら大胆な申し出だと思いましたが、溜まりに溜まった夫に対するネガティブな感情や、恐らくは松永さんに対して冷たく当たっているであろう（と勝手に思い込んでいる）奥さんへの対抗心、そしていつしか思いのほか自分の中で大きくなっていた松永さんに対する好意……そんなさまざまな感情がないまぜになって私に火をつけ、そのような行動に走らせてしまったのではないでしょうか。

そしてその次の接客の日、まるで中学生が交換日記をするように、彼からのメモ書きが返ってきました。

『そうしてもらえたら、すごく……すごく嬉しい』

その場でサッとその文面に目を通した私は、瞬時に彼の目を見て、ニッコリ笑いながらうなずいていました。

そのあとは即座にLINEを交換して迅速な連絡手段を整え、お互いにやりとりをしながら、私が彼のアパートを訪問する日程を固めていきました。

夫が接待ゴルフに出かけて丸一日不在になる日曜日。

お昼少し前に、私は教えてもらった彼のアパートを訪ねました。

本人のイメージどおり、そこそこ雑然と物はあるものの、ある程度きれいに片付き、なんとなく温かみを感じさせる室内。軽くお茶を飲んだあと、「それじゃあ始めましょうか」という私の言葉を皮切りに、二人並んで小さなキッチンに立ちました。

あらかじめ用意してあった食材を包丁で切っていき、コンロの火にかけた鍋の出汁を調整していき……私の指示や一挙手一投足に対して、「あ、いけね！」とか「へえ、こうやって味を染みさせるんですねぇ」「なるほど……さすが！」などと反応しながら一生懸命調理に没頭する松永さんとの作業はとても楽しくて……それはとても満ち足りた時間でした。

と、私が心地よい気分でまな板に向かっていた、そのときのことでした。

背後から彼が羽交い絞めのような格好で私を抱きしめてきたのは。

「……えっ、ま、松永さん……⁉」

「ああ、十和子さん……好きだ、好きなんだ！」

彼はうめくようにそう言うと、そのまま服とエプロンの上から私の両胸を荒々しく揉みしだいてきました。

その瞬間、ハッとしたように彼の動きが止まりました。

なぜなら……私がノーブラだったから。

そう、私はあらかじめこうなることを予想、というか期待して、少しでも行為の手順がスムーズにいくように、衣服の下にはブラジャーをつけていなかったのです。

「十和子さん……」

「松永さん……」

私と松永さんは面と向き合うと、正面から抱き合い、激しい接吻を交わしました。

それだけで別個の生きもののような彼の太く長い舌が私の口内を舐めむさぼり、野獣のように蹂躙してきます。

私の頭の中は真っ白に灼けつき、まるで全身の血流に乗って体内の隅々にまで興奮と快感が行き渡るような、未体験の昂りを覚えていました。

彼が私の服を脱がし始め、私もそれに応じるように彼を裸に剝いていきました。

私たちはあっという間に全裸になると、そのまま畳の上にカーペットが敷かれた六畳間の上に、二人もつれ合うように倒れ込みました。

彼は私のナマ乳を両手で揉み回しながら、乳首にしゃぶりついてきました。そしてチュパチュパと吸い、コロコロ、ヌルヌルと舌先で転がしねぶってきます。

「……んあぁっ！　あん、ああっ……」

熱くとろけるような快感に悶え喘ぎながら、手を下のほうに伸ばして彼の股間の中心部分に触れると、そこはすでに鋼のように硬く、大きな肉塊のように太くたくましく、そして熱せられた鉄杭のように熱く燃え上がっていました。

「ああ、松永さん……はぁっ……」

私がそれを引っ張るようにおしゃぶりをおねだりすると、彼はそれに応えて体勢を変え、二人シックスナインの格好になってお互いの性器を求め合いました。

ジュルジュル、チュパチュパ、グチュグチュ、ヌチュヌチュ……無我夢中で重ねられる互いの愛戯によって、双方の秘部は淫らに濡れ乱れ、あられもない淫音を辺りに響かせていきます。

私はもうたまらなくなってしまいました。

「あ、ああ……松永さん、私、もう欲しいの……松永さんのコレ、早く私のココに突っ込んでぇっ！」

「あう……ぅ、と、十和子さんっ……！」

互いに最高潮のテンションに達した私たちは、ついに一つになりました。

松永さんの肉の分身が、私の肉ひだをえぐり掻き分け、奥へ奥へと突き貫いてきて……待ちわびた愛しい快感に、私は気絶せんばかりにヨがってしまって。

「あひっ……んあはぁっ！　松永さん、松永さぁん……！」

「と……わ、こ……さん！　十和子さぁん……あぐっ！」

胎内で一気に熱いエネルギーがほとばしり、私は爆発するような絶頂へと押し上げられました。直後、柔らかくなった分身を松永さんが私の中から抜くと、ねっとりとした大量の白濁液がトロリ、トロリと溢れ流れ出てきました。

そのあと、狭苦しいながらもホッとするような、彼の部屋のユニットバスで二人でシャワーを浴びた後、調理の続きを終わらせ、仲良く出来上がった肉じゃがを食べました。彼は「うまい、うまい！」と言って食べてくれて、私はここ最近感じたことのないような幸福感に包まれました。

この幸せが、この先もずっと続くといいなと思ってしまう私なのでした。

■兄の大きな手がニュルニュルと私の肌の上を滑り、乳房を、乳首を揉み込み……

結婚を前に兄への長年の秘めた想いを淫らに爆発させて

投稿者　渡邊ひとみ（仮名）／25歳／専業主婦

丸二年つきあった会社の同僚のカレとの結婚が決まり、晴れて寿退社することになったのだけど、その直後、思いがけない事態が……なんとカレが、東京本社から遠く離れたマニラ支社へ転勤することになったのだ。すると当然、新婚だというのにカレだけ単身赴任で向こうへというわけにもいかず、私もついていくことに。ただ支社とはいっても、実質現地にある製造工場の管理・運営が主な業務なので、基本三百六十五日稼働している製造ラインから目を離すわけにはいかず、一旦向こうへ赴任すれば丸三年は日本に帰ることはできないということだった。

そうなると、離日するにあたって名残惜しいものは色々あるけど、私としては一つだけどうしてもやり遂げておきたいことがあった。

それは、大好きな兄への想いを遂げること。

ひとりの女として兄に抱かれること。

そう、私は物心ついたときから、かっこよくてやさしい兄のことが大好きで、思春期を経て年頃になってからも、兄以外の異性のことなど目に入らなかった。でも世間的にそれじゃいけないかなと思い直し、何人かの他の男性とつきあい、その中の一人とロスト・ヴァージンもしたのだけど、心はずっと兄一筋で……そんな中、心底私のことを愛してくれていることが実感できたカレの心情にほだされ、結婚を決めたわけだけど、それでもやはり兄の存在が一番であることは揺らがなかった。

たとえ別の男性と結婚しても、時折兄に会ってその姿を見て、話して、その愛しい存在を身近に感じられれば、ガマンして生きていけるはず……そう思っていた。

でも、丸三年も会えないなんて……そんなの酷すぎる！

三年間、ガマンできるだけの『兄成分』を、このカラダの奥深くにまで注入してもらわないことには、とてもじゃないけど堪えらえそうにない！

強い想いを固めた私は、昨年結婚して一児の父となった兄（二十六歳）を呼び出し、『兄妹だけの結婚祝い』の名目でディナーの席を設けてもらった。そこで楽しく食べ、飲んで、思い出話で大いに盛り上がったあと、ガラリと雰囲気を変えてシックな落ち着いたＢＡＲで二人向き合った。

そこでいよいよ私は、長年募りに募らせた兄への深く熱い想いを、正面切って吐露したのだ。おにいちゃんのことが好きだ、私が結婚してマニラに行く前にどうしても抱いてほしいと。

当然、兄は拒絶した。悪い冗談はやめろと。

でも私は絶対に引かなかった。抱いてくれないのなら死ぬと言って。

そして、涙ながらに懇願し訴えた、私の強固な想いに、ついに兄が折れたのだ。

BARを出た私たちは、しばらく夜の街を歩いた後、一軒のホテルのエントランスをくぐった。今どきのおしゃれなシティホテルだった。

あてがわれた部屋に入ると、私は言った。

「おにいちゃん、一緒にお風呂入って洗いっこしよ？　昔よくやったみたいに」

兄は一瞬躊躇したものの、すぐに微笑んで従ってくれた。

浴槽にお湯を張ったあと、私たちは服を脱ぎ、実に二十数年ぶりにお互いの裸の体に向き合う格好となった。

スポーツ万能だった兄の体は今でも引き締まった細マッチョを誇り、その股間にあるモノは、私の幼い頃の記憶とは違って大きく、まったく別の存在へと変貌を遂げていた。（あんなに小っちゃくてかわいらしかったのに……）そう思った私に向かって、でも兄のほうもこう言った。

「ひとみ、すっかりオトナの女のカラダだな。たまらなくきれいだよ……」

「お義姉さんと、どっちがイイ体してる？」

私がいたずらっぽくそう問うと、兄は「バカ」と言いつつ、続けて、

「ひとみのほうが……何倍も素敵でエロいよ」

と言って、たっぷりと手にとったボディソープの泡を私の体に塗りたくってくれた。兄の大きな手がニュルニュルと私の肌の上を滑り、乳房を、乳首を揉み込み、こねくり回し、尻肉を力強く鷲摑んでくれて……「ああん」そのえも言われぬ甘美な感覚に身もだえしながら、私のほうだって黙ってなかった。同じようにたっぷりと手にとった泡を兄のたくましい胸筋に念入りに塗り込み、それとは裏腹に小粒でかわいい乳首を弾くように愛撫して……すると、「くうぅ、ひとみ……っ」と、兄は甘い吐息を漏らすように言葉をこぼすと、その股間のモノがググッと力強く持ち上がってきた。

「ああん、おにいちゃんのオチン〇ン、すごいぃ！」

私は、自分の愛撫に兄が反応してくれたことに感動しながら、固く張り詰めてきたその肉棒を摑むと、泡をからめながらニチュニチュとしごいてあげた。玉袋を、太い血管が浮き出した竿を、パンパンに大きく膨らんだ亀頭を、これでもかと……。

「ああっ、ひとみ……そんなにされたら、オレ、もうっ……！」

と、兄が切羽詰まった声をあげたので、私は慌てて手を離した。こんなところで出されちゃったら、たまったもんじゃない！

私たちはシャワーでお互いの体の泡を洗い流し、一旦湯船に浸かってイチャついたあと浴室を出て、濡れた体を満足に拭くこともせずベッドへと倒れ込んだ。

もう兄のモノをしゃぶりたくて仕方なくて……私が一方的に股間に顔を埋めて咥えようとすると、兄はそれを制し、お互いが舐め合えるように私をシックスナインの体勢へと導いた。

「ああ、おにいちゃん、おにいちゃん……」

私は無意識のうちにそう繰り返しながら、兄のモノをずっぽりと咥え込んでいた。

そして亀頭の縁にねっとりと舌をからませながら、子供のころ無心でチュッ◯チャッ◯スを味わったように、必死で舐め回し、吸い啜って……。

「う、ううっ……ひ、ひとみっ……！」

そう喘ぎながら、兄のほうも私のはしたなく濡れ乱れた肉ひだに舌を突っ込み、グチャグチャと掻き回し、勃起したクリ豆を転がしてくれて。

「んあぁ！　ああ、いいっ……おにいちゃんっ！」

いよいよもう、いっぱいいっぱいだった。

「ああん、おにいちゃん、もうきてっ！　オチン○ン、突っ込んでぇっ！」

私は恥も外聞もなくそう懇願し、兄はそれに応えて体を起こすと、仰向けの私に正常位の体勢で覆いかぶさってきた。

「よし、ひとみ……入れるぞっ！」

「早く、早く！　……あっ、あああっ……！」

次の瞬間、兄の力強い肉圧が私の肉ひだを押し広げると、続いてズップ、ズップ、ヌブ、グプと激しい抜き差しが始まって……私の中で長年待ちに待った、いくつもの快感の火花がまばゆく弾け散っていた。

「ああん、ああ、あっ！　おにいちゃん、愛してる〜〜〜〜〜〜っ！」

「あっ、あ、くぅ……ひ、ひとみ〜〜〜〜っ！」

その夜、私と兄は時間の許す限り求め合い、愛し合った。

そして今現在、私はカレと結婚して、マニラで暮らし始めて一年になる。

正直、もうすでに『兄成分』が枯渇しそうになっているように感じる今日この頃。

あーっ、早く日本に帰りたーい！

■私はいやらしく粘つく音を立ててご主人のペニスをパイズリでしごき上げて……

援交不倫現場を見られ、口止めセックスを求められた私

投稿者　羽田美知恵（仮名）／31歳／パート

私たち夫婦はとても貧乏です。

とても古い、家賃六万円の木造2Kのアパートに住んでいます。

夫は元々とても小さな会社に勤めていたのですが、このコロナ禍の煽りを受けて経営が傾き、昨年の秋にリストラの憂き目にあってしまいました。その後一生懸命、再就職先を探しているのですが、なかなか見つからず……収入は失業手当のみです。私もパートを二つ掛け持ちしていますが、そっちのほうもあまり景気がよくなく、勤務時間を減らされ気味という厳しい有様で、夫婦合わせて月収はギリギリ二十万いくかいかないかというところでしょうか。

なので、私は少しでも家計を助けるべく、夫に内緒で人妻専門の援助交際用出会い系サイトに登録し、援交活動を始めました。

私の顔とプロフィールを見て気に入った相手が連絡してきて、直接会って交渉が成

立すれば、私はお金をもらってその人とエッチするわけです。だいたい相場は二〜三万円といったかんじですが、私は童顔&豊乳タイプということでまあまあ人気があり、今月に入ってもう二人の相手と援交活動を成立させました。おかげで家賃の払いが滞ることもなく、大変助かりました。

ところが、その援交活動に際して、思わぬ落とし穴が待ち受けていました。

ある日の午後、パートに向かおうとアパートの部屋のドアを開けたとき、ちょうど外から帰ってきたお隣りの西木さんのご主人と顔を合わせ、「あ、こんにちは」と挨拶をしたのですが、彼は何やら意味ありげにニヤリと笑うと、こう言ったのです。

「奥さん、この間の夕方、S町のちょっといかがわしい界隈にいたでしょ？　しかも、一人じゃなく、どこかの男と二人連れ立って。オレ、その日、新しいパチ屋のオープン日だったから、偶然あの辺に居合わせたんだよね」

「えっ⁉」私は驚愕し、血の気がサーッと引きました。

まさにそれは、私が今月二人目の援交相手と会い、エッチしたときの時と場所だったのです。でも、簡単に認めるわけにはいきません。

「ひ、人違いじゃないですか？　ほら、私って、そこらへんにいがちなタイプだから」

と言って、しらを切ろうとしたのですが、彼はスマホの画像を見せながら、

「ふ～ん、これでも？　このかわいい顔、この見事なオッパイ！　誰がどう見ても奥さんでしょうが、ええっ？　ダンナさんに見せようか？」

と、恫喝気味に言ってきて、さすがの私もぐうの音も出ませんでした。

結局、アパートの前でそんなやりとりを続けるわけにもいかないので、私とご主人は互いのＬＩＮＥを交換し、その場はそれで別れました。

このお隣りのご主人ですが、実は前からご近所では札付きの存在でした。まっとうな仕事に就くことなく日がな一日パチンコ屋に入りびたり、朝から晩まで食品加工工場のパートとして働く奥さんの完全なヒモ状態。酒癖も悪く、酔って奥さんを殴る蹴るしている声や音がアパート中に響き渡ることもしょっちゅうで、私たちは恐れをなし、『触らぬ神に祟りなし』状態です。

境遇としてはウチと同じながら、その実際は大違いです。

というわけで私は、よりによってろくでもない相手に弱みを握られてしまったと戦々恐々でしたが、その後、案の定の展開が待っていました。

ご主人はＬＩＮＥで、このことをダンナに知られたくなければ……と、肉体関係を強要してきたのです。

『前から奥さんにくぎ付けだったんだ。一回でいいからヤらせてくれ。そしたら何も見なかったことにしてやるから』

と……たとえこの約束の信憑性がどれだけ疑わしいものでも、私に拒絶する権利などあるでしょうか？

彼の要求を受け入れるしかありませんでした。

しかも、『お互いに貧乏なんだから、ホテルとか金かかるのはナシな』と、場所はうちの部屋を指定されてしまいました。

そして、私のパートが休みのその日の午後、夫は日雇いのバイトに出かけて留守で、コンコンと玄関ドアをノックする音がしたかと思うと、彼がやって来ました。

「こんにちはぁ、来ましたよぉ」

と言うと、部屋に上がってくるなり浴室に直行し、シャワーを浴び始めました。自分のところのガス代、水道代をケチろうとしているのが見え見えです。

「奥さんはもう身ぎれいにしてるよね？　よしよし、じゃあ早速やろうか」

バスタオルを腰に巻いただけの格好で浴室から出てきた彼はそう言うと、私に布団を敷くよう指示し、その上に私を押し倒してきました。そして服を剝ぎ取り、下着を脱がせてきて、全裸になった私を満足そうに眺めると、こう命じてきました。

「さあ、その見事なオッパイで、俺のチ○ポ、パイズリしてもらおうか。もう前々からずっと、奥さんにそうしてもらうのが夢だったんだ。さあ、ほらほら！」

　私は否応もなく、バスタオルを取って眼前に仁王立ちしている彼の前にひざまずくと、もうすでに半勃起状態にあるペニスを両の乳房で挟んでしごき始めました。でも、どうにも滑りが悪く具合がよくないと、彼は唾液を利用するよう言ってきました。

「ほら、ツバいっぱい出してベチョベチョにして……そうそう、ああ……いいよ、だんだんよくなってきた……」

　私は精いっぱいがんばって唾液を出して胸の谷間に滴らすと、両手で乳房を押し上げながら、グッチャ、ヌチュ、ズチュ、ニチュニチュと、いやらしく粘つく音を立ててご主人のペニスをパイズリでしごき上げていきました。

「あ、ああっ……いいよ、いい……サイコーッ！　じゃあ次はそのまま先っちょ咥えて……そうそう、夢のパイズリフェラだあっ！」

　私が、言われたとおり必死になって、しゃぶり、しごき上げていると、彼は手を下のほうに伸ばし、私の両の乳首を摘まみ、いじくってきました。

「……んあっ、はぁ、あぐ……んはぁ、あ、んぐぅ……」

　私は、ただでさえ乳房と彼のペニスの粘ついた接触で刺激を受けているところに、さらに乳首へのダイレクトな責めを受けたものだから、そのあまりの快感に心ならず

も感じ、声を喘がせてしまいました。すると彼は、

「ほぉら、奥さんのほうも相当感じてきたんじゃない？　そろそろオチ○ポ、欲しいだろ？　ええ？」

と言い、私の返事を待つまでもなく、私の体を布団の上に押し倒して覆いかぶさってきました。そしてさんざんオッパイをしゃぶり回したあと、ギンギンにいきり立ったペニスを振りかざすと、私の中に突き入れてきました。

「ああっ！　あ、あうっ……ひ、ひあぁっ……！」

完全に性感を篭絡された私はたまらず大きく悶え喘ぎ、自ら両脚で彼の腰を締めつけながら、もっともっとと飢えた牝犬のように、さらに激しく深い突き入れを求めてしまっていました。

そしてほどなく、ご主人の熱い精のほとばしりをお腹の上に感じながら、恥も外聞もなく、イキ果ててしまったのです。

その後、もちろん彼の約束は守られてはおらず、私は幾度もカラダを要求され続け、そして……感じ続けているのです。

■彼のバキバキの完立ちペニスが跳ね上がり、私はすかさずそれに食らいつくと……

お気に入りのお客さんにまたがって大満足の朝イチ昇天！

投稿者　秋ともか（仮名）／27歳／美容師

夫婦で小さな美容室をやってるんだけど、私ったら最近、ひとりのお客さんのことが気になっちゃって、もうしょうがない。

彼の名はタケルさんといって、私よりちょっと年上の三十歳で、職業は左官屋さん。日焼けしたたくましいカラダがなんともワイルド&セクシーな現場系イケメンなんだけど、今どきのそういう職業の人って、昔の野卑なイメージと違ってスタイリッシュでオシャレなのね。『ワー〇マン』で売ってる作業着なんかも、リーズナブルで機能性も高い上にカジュアルでカッコイイものね。

そのタケルさんは、だいたい月イチくらいのペースでカット&パーマの施術を受けに来てくれるんだけど、その、夫とは真逆な肉体に間近で接してるうちに、私ってばどんどん欲望が膨らんできちゃって……だってうちの夫ったら線が細くてナヨってしてる上に、アッチのほうもてんで弱くて……正直言って、私、夫とのセックスでホントに感じたことって、今まで一回もないもの。なもんで、タケルさんなら私のことをきっと満足させてくれるに違いないって思うようになって……。

そんなあるとき、願ってもないチャンスが訪れたの。

タケルさんから連絡があって、「明日の日曜の早朝六時に行くから、髪を切ってくれないか？　急遽十一時からの知り合いの結婚式に出席することになって、どうしても小ぎれいにして行きたいから」っていうのね。

夫に話したら、「まあ他でもない、お得意さんのたっての頼みだものなあ。俺は無理だけど、おまえ一人で店開けて対応してあげるのならいいんじゃない？」との返事で、タケルさんの要望を受けてあげることになったの。

そして翌日、私は午前五時半に一人で店に出て準備を整え、タケルさんの来店を待ち受け、腕によりをかけて髪を切ってあげたの。

「うん、バッチリだ！　さすがともかさん、頼りになるなあ。今日は無理を聞いてもらって本当に助かりました。ありがとう！」

セクシーな短髪にさっぱりと刈り込まれた自分の姿を鏡で見ながら、満足そうにそう言うタケルさんに、私は、

「そう言ってもらえてよかったです。じゃあ、一回流しましょうか」

と言い、頭を洗うためにシャンプー台への移動を促して。
シャンプー台に横たわるタケルさん、そしてその姿を脇に立って見下ろす私。
座って髪を切っているときは、ふんわりとしたカットクロスを身にまとっているこ
ともあって目立たないけど、こうやって上着を脱いだTシャツ一枚の姿で横たわると、
その分厚い胸板が力強く盛り上がっているのがわかり、なんだかこっちまで胸がとき
めいちゃう！
（わっ、乳首のポッチが透けて見えてるぅ……エ、エロッ！）
そんなふうな汚れた目（笑）で見ると、下半身のズボンの前の膨らみまで殊更大き
く感じちゃって、
（もしかして、これって私のことを誘ってるんじゃないのぉ⁉）
と、どっかで聞いたようなフレーズが頭の中で渦巻いちゃう始末で……私の中のイ
ケナイ子モードは、がぜん暴走を始めちゃう！
「はい、じゃあお湯出しますねー。熱くないですかー？」
「はーい、大丈夫でーす」
顔の上に載せたフェイスガーゼのせいで、多少くぐもって聞こえる彼の声を聞きな
がら、私はその頭を洗い流しつつ、自分のたわわに実り垂れたノーブラ（えへっ♡）

の胸を下ろしていって……。

「……ん？　え、ええっ……？」

フェイスガーゼをツツ……と、動かしずらして自分の唇に触れてきた感触が、薄いニット地一枚のみで隔てられた私の乳房であることに気づいたタケルさんが、思わず驚きの声をあげる。

「と、と、ともかさん……？」

「うふ……あたし、ずっと前からタケルさんのことが……」

私はもう完全なインラン誘惑モードになって、胸を彼の口にムギュムギュと押しつけながら、鼻にかかった甘い声で懇願する。

「ああん、服をめくって直接オッパイ吸ってぇ～～～っ！」

「あ、ああ……は、はいっ！」

一瞬の躊躇のあと即答すると、彼は私の服をペロリとめくり上げて、下からチュウチュウ、チュパチュパと、大粒のチェリーちゃんを吸い、舐めむさぼってきて。

「ああん、あ、あふぅ……き、きもちいぃひぃ～～～っ」

私は悶え喘ぎながら、こっちも彼のTシャツをめくり上げ、たくましい胸筋を撫で回し、いつの間にか固く尖っている乳首をコリコリしてあげた。

「……んぐっ……う、うう……ふぅっ！」

私の乳首を口に含みながらも、たまらずヨガリ声をあげる彼に、またまた胸がきゅんきゅん！　私はさらに手を伸ばして、今度は彼の股間を撫で回し、まさぐってあげて……ひゃあぁっ！　どんどん大きく固くなってくるう！

私はもうたまらなくなって、彼にこう聞いてた。

「ねえ、オチン〇ン、舐めてもいい？」

「え、ええっ⁉　そ、そんなっ……！」

「イヤなの？」

「……お、おねがいします……」

私はにんまりと笑いながら、名残惜しくもオッパイを彼の口から離して少し位置をずれると、ズボンのベルトをはずしてジッパーを下げ、下のボクサーショーツもろとも膝まで引き下ろしたわ。

途端にビョンッ！　とバキバキの完立ちペニスが跳ね上がり、私はすかさずそれに食らいつく。亀頭をペロペロ、レロレロと舐め回し、おしっこの出る穴をグリグリとすぼめた舌先でほじくり返すようにして責め立て、さらに竿に太い血管が浮き出してますますいきり立ってきたところを舐めしゃぶり、むさぼり倒して……！

「あ、ああっ！　と、ともかさんっ……もう出ちゃいそうだよお！」

おおっと、そうは問屋が卸さないわよっ！　本番はこれからなんだからっ！

私はフェラをやめると、ジーンズと下着を脱いで自分も下半身丸出しになった。そして彼の上に跨ぎ乗ると、信じられないくらい淫汁まみれになって濡れ乱れたアソコをさらしながら、上からヌブヌブと完立ちペニスを咥え込んでいって……。

「んあぁっ！　はあっ！　あぁ……あ、あひぃっ……！」

腰を振り立てながら悶え喘ぐと、彼のほうも下からグングンとパワフルに突き上げてきてくれて。そりゃもうたまらないカイカン大爆発だったわ。

「んはぁっ……あ、ああっ……イ、イクゥ……！」

「あ、ああ……と、ともかさんっ……！」

彼の放った精が熱く私の中を満たし、私も絶頂の陶酔の底に沈んで……。

ふと気づくと、もう時間は八時近く。私は大急ぎで彼の頭をブロー&セットしてあげて、結婚式へと送り出したの。

慌ただしいけど、大満足の朝のイッパツだったわ！

第四章

淫らに燃える快感

■痛感と快感がドロドロにないまぜになった中、私の脳髄を白い雷光が貫いて……

SM的快感に悶え狂った私と課長の最後の不倫エッチ納め

投稿者 結城さくら（仮名）／26歳／OL

ここ二年ほど、不倫関係にあった課長（三十五歳）が、遠く離れた東北の僻地の支社に転勤することになった。しかも課長補佐への降格とあわせて。先月、まあまあ大きな契約を反故にしてしまったチョンボに対する、懲罰人事とのもっぱらのウワサで、もうこの先、彼がこっち（本社）に戻って来れることはないだろうと、皆言ってる。

私は、二人の間の不倫エッチ納めを提言した。

「はい、わかりました。じゃあ今夜、八時にいつものホテルの前で」

スマホで連絡をとり、約束した。

仕事をしながら約束の時間が近づいてくるのを待ちつつ、私はこの先、課長がいなくなってもガマンできるだろうかと不安になっていた。

私は昨年、同い歳のカレと結婚したが、それはあくまで女としての打算と世間体ゆえ。それなりにいいところに勤め、将来的にもまあまあ安定が望めるであろうカレと子供を作って家庭を持てば、人生安泰かな、と。

ただ一方で、ノーマルで何の刺激も興奮もない夫とのセックスに、私は一ミリも満足したことなどなかった。それ以前に課長と関係を持ち、自分の秘めた性的嗜好を見抜かれ、特殊な快感を開発されてしまったあとだから、なおさらだ。ほら、そんなことを考えてるだけで、私は課長との魅惑のプレイタイムに思いを馳せ、もうカラダの中心部がジンジンと疼き、濡れてきてしまっている。

あ、時間だ。

「それじゃあ、お先に。お疲れ様でしたー」

私はまだ残業している同僚にそう声をかけると、そそくさと会社をあとにした。

それから歩いて十分。入り組んだ路地裏にひっそりと立つ古めかしいラブホの前に、課長はもう先に来て待っていた。

「僕ときみの最後の日だ。存分に楽しもうね」

「……はい」

ああ、だめだ、ますます先走った私の異常な性感が反応し、アソコの疼きが伝わった腰が、ガクガクと震えてきちゃう。

人目をはばかる狭い造りのホテルのエントランスをくぐり受付を済ますと、エレベーターに乗って五階へと上がる。廊下を歩いて割り振られた部屋へと向かい、キーを差してドアを開け、二人入室した後、ドアを閉める。

さあ、この時点から私たち二人のプレイタイムが始まる。

「あの、じゃあ先にシャワーを……」

「ふん、おまえみたいな女の腐れマ○コ、いくら洗ったってムダさ。どうせもうとっくに、醜いドドメ色のワレメから淫乱マン汁たれ流してるんだろ？　ええ？」

ついさっきまで穏やかでやさしい笑顔だった表情が激変し、蔑むように冷たく高圧的な眼光をその目に湛えて、課長は私に言い放った。

「え、ええっ……そんなっ……！」

おののく私に対して、課長は陰湿に畳みかける。

「なんだ、ちがうのか？　きれいな純情マ○コだとでもいうのか？　え？」

「……わ、私のマ○コは、醜くてビショ濡れの……淫乱マ○コです……」

あられもなく恥ずかしい言葉を喉から押し出しながら、私は形容しがたい興奮に全身を包まれていた。

「ほら、脱げよ！　脱いでその白ブタみたいにみっともなくたるんだ、ブヨブヨのカラダさらせよ！　ほらほらっ！」

もちろん私はそんなに醜くはない。色白で豊満だけど、セクシーなバランスを保ち、街ですれ違う男たちが思わず振り返って舌なめずりするようなレベルの肉体だと自負している。

でも、だからこそ、課長の容赦のない蔑みの言葉が響く。

「きれい」「魅力的」「ナイスバディ」「うらやましい」……周囲からそんな言葉ばかりかけられてきたからこそ、真逆の言葉がプライドを傷つけ、自信を打ち砕き、羞恥心を煽り……私の秘めた被虐の炎を燃え立たせてしまう。

そう、私の本性は、いじめられればいじめられるほど、けなされればけなされるほど、虐げられれば虐げられるほど……興奮し性感が昂り、快感に打ち震えてしまうマゾヒスト……いわゆる『M女』なのだ。

その証拠にホラ、課長の前で服を脱ぎ、下着を取って……一糸まとわぬ裸の姿になった私の、乳首は今にも破裂せんばかりにビンビンに尖り立ち、アソコは秘裂の奥から大量に分泌された肉汁が股間の黒い茂みまでツヤツヤと濡れそぼらせている。

「おうおう、今日も見事なまでに醜い白ブタっぷりだな！　エサが欲しくって仕方ないんだろ？　ほら、大好きな俺のソーセージ、食っていいぞ。ただし、白ブタらしく手は使うなよ？　口だけで引っ張り出して食うんだぞ！」

「……は、はい……」

　私は言われたとおり、課長の前にひざまずくと手は使わず、口だけで苦労してベルトを外し、ズボンのファスナーを下げ、パンツの裾を咥えて膝までずり下ろし……ようやく露出したペニスに顔を寄せ、舐め始めた。

「なんだなんだ、ぎこちなくて全然キモチよくねーぞ！　もっと必死になってしゃぶらないと、お預けしちまうぞ？」

　そんなのイヤ！

　私はますます必死になると、首をくねらせ、顔を振り立て、舌を極限まで伸ばして課長のペニスに食らいつき、亀頭、鈴口、裏スジ、玉袋、それからアナルまで……ペチャペチャ、ジュブジュブ、チュバチュバ、レロレロ、ングング……と、自分の口内から溢れ出る唾液まみれになりながら、恥も外聞もなく舐めしゃぶり、吸い啜り、ようやくビンビンに勃起するまでご奉仕を続けていった。

「う、うう……だいぶイイ感じになってきたけど、あともうちょっとかな？　ほら、もっとがんばれるよう、おまえにもひとムチくれてやるよ！」

　課長はそう言うと両手を下のほうに伸ばし、おしゃぶり中の私の左右の乳首を摘むと、すごい力でギリギリとつねり上げてきた。ものすごい激痛！

……でも同時に、たまらなくキモチよかった……。

「んあっ、はぁ、ああ……んぐ、う、ううううう……！」

痛感と快感がドロドロにないまぜになった中、私の脳髄を白い雷光が貫き、私ははしたなく課長のペニスを咥えたまま、白目を剥いて達し、悶絶してしまった。

がっくりとその場に崩れ落ちた私の前にしゃがむと、課長は言った。

「おいおい、なに先に勝手にイッてんだよ？　このド淫乱白ブタが！　そんなヤツにはお仕置きだ！」

そして私をベッドの上に上げると、持参した紙袋からヒモを取り出し、慣れた手つきで素早く巧みに私の裸体を縛り上げていった。ＳＭの動画を見て研究したというその縛り方は、私の肉体に与える苦痛と快感のバランスが絶妙で、ちょっと体を動かすだけで、全身にたまらない恍惚感をもたらしてくる。

「……んあっ、はぁ、あ……ひはっ……」

「そしてそこに……コレだっ！」

喜悦に喘いでいる私の、いびつに歪み、ねじれ開いている濡れた肉裂の中に、課長はそう言って極太のバイブをねじ込んできた。

「うぐっ……うひあぁはぁあ～～～～～っ！」

「ほらほら！　悶え叫べ、このド淫乱白ブタがあっ！　ほら！　ほらっ！」

ズコズコ、ジュブジュブと猛スピードで激しくバイブを抜き差しされ、私は本当に知能のないケダモノのようにヨガリ狂ってしまった。

「よし、そろそろ俺のホンモノをくれてやるとするか。ほら、ありがたく呑み込めよ」

課長がついにそう言って、つぶれたカエルのようにみっともなく四肢を縛られた私の、これ見よがしに剝き出しになったアソコに、極限までいきり立ったペニスを突き入れてきた。待ちに待った快感に、私の意識が真っ白にスパークする。

「あひっ、ひっ……ひあぁぁ、あ、あああぁぁぁ～～～～っ！」

「ほらほら、イッてイッて、イキまくれ～～～～っ！」

双方の万感の想いの詰まった不倫エッチ納めは、まさにこれまでで最高の快感に満ちたものだった。

「課長、どうぞお元気で」

「ああ、きみもな。今までありがとう」

事後、にこやかに言葉を交わしながらも、私はこの先、課長とのエッチなしでどう生きていけばいいのだろうと、改めて大きな不安に襲われてしまったのだった。

■隆也さんの見事すぎる手練手管で、私の性感はいとも簡単に極限まで昂らされて……

リモート在宅勤務中の主婦友のご主人とまさかの午前中H

投稿者　笠原エリカ（仮名）／34歳／専業主婦

その日私は、午前中に実家の母から送られてきた地元名産の果物や野菜を、同じマンション棟に住む、仲のいい主婦友のミユキさんにおすそ分けしてあげたいと思いました。新鮮で早いうちがいいだろうと。

でも、どれだけスマホで連絡をとろうとしてもミユキさんはつかまりません。基本、彼女も私と同じ専業主婦なので、そうそう出かけていることもないとは思うのですが……もうこの際、歩いて五分もかからない距離なので、アポなしで行ってみることにしました。やっぱり残念ながら留守だった場合のことを考えて、郵便受けに入れるためのメモ書きも携えて。

つい先週まで続いていた在宅リモート勤務がようやく明け、晴れて会社へ出勤していく夫を送り出し、娘を幼稚園の送迎バスに乗せたあと、九時半頃、私はいくつかの見繕った果物と野菜をエコバッグに入れて、二階上のフロアのミユキさん宅へと向かいました。

玄関ドアの前に立ち、ミユキさん、いてくれますように……私はそう胸の内で念じながら、インタフォンを押しました。

するとそれに応えてちょっと雑音じみた反応があったので、私はホッとしたのですが、聞こえてきたのは男性の声……ご主人の隆也さんだったのです。

「あれ、たしか笠原さんの奥さん……？　今日はどうされたんですか？　ミユキなら、今朝いきなり実家のお母さんが階段から落ちて骨折したっていうんで、慌てて出ていきましたけど」

なるほど、そんな大変な状況だったのなら、ミユキさんがスマホに対応できなかったのもわかります。しかも私の用事と同じ、実家の母親がらみのアクシデントだなんて……私はご主人の説明を聞きながら、ちょっと皮肉なものを感じていました。

あれ、でもご主人、なんでこんな時間に家にいるのかしら？　もうとっくに勤めに出てるはずだけど……？　私のそんな疑問は、続くご主人の説明で解決しました。

「いや、うちの会社、例のコロナ禍からこっち、そのほうが交通費やら何やらもろもろ経費の削減になるっていうんで、当面在宅のリモート勤務が継続されることになったんですよ。まあ、楽っていえば楽だけど……これはこれで窮屈な面もあって、まあまあストレス溜まるものですけどね」

と、ちょっとだけいびつな笑みを浮かべながら、私のほうを見ました。その瞬間、私はなんだかドキッとしてしまい、急に居心地が悪くなりました。

「そ、そうだったんですね。すみません、いきなり押しかけちゃって……じゃあこれ、置いていきますんで、ミユキさんによろしくお伝えください。お仕事中だとは知らず、お邪魔して申し訳ありませんでした」

と言い、持参したエコバッグごと果物と野菜を置いて立ち去ろうとすると、ご主人がこう言ってきました。

「まあまあ、せっかく来てくださったんですから、お茶の一杯でも飲んでいかれませんか？　僕もちょうど少し休憩しようかと思ってたところなんで」

私はかなりドギマギしてしまっていました。

実は正直、前に一度、マンション自治会の会合で会ったときから、ご主人は私にとって気になる存在だったのです。いやまあ、ぶっちゃけすっごいイケメンで……。なので、人様のダンナであるそんな彼と二人きりになることに罪悪感を感じ躊躇してしまったわけですが……結局私は、こう答えていました。

「あ、ありがとうございます。それじゃあ一杯だけ、お言葉に甘えて……」

「どうぞどうぞ。大歓迎ですよ」

そして、私はとうとうサンダルを脱ぎ、室内へと足を踏み入れてしまいました。今思えば、この瞬間に私はご主人の獲物として、まんまと罠にかかってしまったのでしょう。一瞬垣間見えた、あのいびつな笑み……あれは私のことを、恰好のストレス発散の対象としてロックオンしたことを意味していたんです。

そして一応、お茶を入れてくれたものの、ご主人の私へのイケナイ攻勢はすぐに始まりました。以前一度、ミユキさんが嘆いていたのを聞いたことがありますが、ご主人の隆也さんは、筋金入りのプレイボーイだと……。

「奥さん……いや、エリカさん、本当は前から僕のこと、気になってたんでしょ？　そう顔に書いてありますよ」

隆也さんは甘い声でそう囁きながら、ソファの私のすぐ隣りに座ると、体を寄せてきました。吐く息が私のうなじをなぶってきます。

「……え、ええっ？　そ、そんなこと……ありませ……」

私はゾクゾクと身を震わせながら、そう言って否定しようとしますが、

「……そんなこと、あるよね？　ほら、こっちにも聞いてみようか？」

隆也さんは平然とそう言うと、問答無用で私の服を剝いてブラを外してしまい、あ

らわになった乳房をムニュムニュと揉み立てながら、同時に両の乳首をコリコリ、キュッキュッと絶妙のタッチでこね回し、刺激してきました。

「……ひゃうっ、あ、あはぁん……んあ、はっ……」

「ほら、かわいい乳首もこんなに固く尖っちゃってるじゃないか。僕にいじくられて嬉しいんだろ？　たまらなく気持ちいいんだろ？」

「あん……あ、はい……嬉しいです、気持ちいいですぅ……ああん！」

私はすっかり彼の術中に陥ちていってしまいました。

「そうそう、正直になっていいんだよ？　そして二人のこの時間を楽しもうよ、ね？　さあ、それじゃあこっちのほうも、そろそろ準備はいいかな？」

隆也さんの手が私のパンツの前を割り、パンティごとこじ開けて這い込んでくると、股間の柔肉に触れてきました。そこはもうすっかり熱く濡れ乱れていて、彼が指を動かすたびに、クチョクチョ、ヌチュヌチュといやらしい音を発してしまいます。

「ほぉら、もう待ちきれなくて大洪水だ！　ああ、一本、二本、三本……スケベなワレメがいくらでも僕の指を呑み込んでいっちゃう！」

「ああっ！　はぁっ……んあぁぁっ！」

隆也さんの見事すぎる手練手管で、私の性感はいとも簡単に極限まで昂らされてしまっていました。もうガマンの限界状態です。

「あ、ああ……わ、私、もう……んあっ……！」

「オチ○ポ、欲しいんだろ？　このとろけ狂ってるオマ○コに突っ込んでほしいんだろ？　了解、了解。ほんとはもっとじっくりと楽しみたいところだけど、僕もこのあとリモートのミーティングがあってね……時間があまりないから、途中はすっ飛ばさせてもらうよ」

そう言って下半身をさらけ出した隆也さんのソレは、さすがプレイボーイの名に恥じないもので、見事に隆々とそそり立った肉竿がブルンと振りかざされ、一気に剝かれた私の肉割れに深々と突き入れられてきました。

「あ、ああっ……すごっ！　イ、イイッ……はあぁっ！」

そして隆也さんは一気呵成のピストンで私を激しく突き貫き、ものの五分とかからず絶頂に導くと、最後、ばっちり膣外射精をキメてくれたのでした。

一度だけの、最高のカイカン体験だったけど、それ以来、ミユキさんの顔をまともに見ることができない私なんです。

■私は左右に立ちはだかった彼らから、二本の勃起ペニスを顔に突きつけられて……

若いOLと浮気した夫たちへ年下イケメン狩りでリベンジ

投稿者　宗綾香（仮名）／29歳／パート

仲のいいパート仲間の涼子さん（三十一歳）に、ついこの間、ダンナと会社の部下の女性社員の浮気が発覚したことを話したら、

「えぇっ、綾香さんのとこも!?　実はうちのもなのよー！　しかもそっちと同じく部下の若い女と！　ほんと、アタマくるわよね～っ！」

っていう反応が返ってきたんでびっくりしちゃった。

「そうなんだ！　うちの相手は二十四らしいわよ。ダンナより七つも年下！」

「うちもうちも！　三十三のダンナより八つも下！」

そんなに若い女がいいのかしらね～って話になって、それがそのうち、うちらだって黙ってられないわよね、と……。

「ねえねえ、くやしいから、あたしらもやり返してやらない？　年下浮気リベンジ！」

涼子さんがそんなことを言いだして、最初は私、ちょっと引いたんだけど、どんど

んテンションが上がってく彼女に引っ張られちゃって。

「そ、そうね！　あたしも涼子さんもまだまだけっこうイケてると思うし、二人で若いイイ男、喰っちゃいましょうよ！」

「きまり～～～っ！」

話はあれよあれよという間に進み、早速その日の晩、金曜の夜という絶好の機会ということで、二人で若メンを逆ナン・ハントしようってことに。もう、先に裏切ったダンナらのことなんか知ったことか！　ってかんじよね。

夕方五時の仕事上がり後、私と涼子さんは家に飛び帰って、カラダ洗ってフルメイクして、一番イケてる勝負服に着替えると、この辺で一番の歓楽街の入り口で待ち合わせ、鼻息も荒く女の戦場（笑）に繰り出してった。

で、よさげな酒場を覗いて回ったんだけど、とうとう五軒目の店でヒット！　なかなかよさげな若メン二人組が飲んでるのを見つけたのね。

二人とも二十歳すぎの大学生くらいで、着てる服もとってもオシャレで。

一人は俳優の桐谷○太似の濃いめのイケメンで、ガタイもたくましく。

もう一人は、同じく俳優の坂口健○郎似の爽やか系うすくちイケメン。

このバランスのとれたコンビネーションも絶妙よね。

最初、遠目に「あたしは坂口くん」「あたしは桐谷くんね」なんて、勝手な呼び名で言いながら、彼らのほうに近づいてって。

「あの～、あたしたち二人なんですけど、よかったらいっしょに飲みませんか？」

って声かけて。すると彼ら、何を躊躇することもなく、

「ああ、いいっすよ！　美人二人に誘ってもらって光栄です。どうぞ、どうぞ」

なんて嬉しいこと言いながら、座ってる四人掛けテーブルの空いてる席ににこやかに誘ってくれて。

早速乾杯し、おのおの自己紹介から始めると、案の定、二人とも某有名お坊ちゃま私立大学の三回生だった。大当たり～ってかんじよね。

「見たところ、お二人はこの辺りの大手企業に勤めるＯＬさんですか？」

「うふふ、まあそんなところかな」

私たちは彼らの嬉しい見立てにますます上機嫌になり、お酒は進むわ話は弾むわで、そのうち、見る見るいいかんじに盛り上がってったわ。

四人とも、このあとはもちろんオトナの男と女のつきあいだよね、って雰囲気バンバンでエロチックな目線をからませ合って、ごくごく自然に最初に私たちが言ってたとおりの組み合わせ……私と坂口くん、涼子さんと桐谷くんのそれぞれが連れ立って

店外へと出てった。もちろんお勘定は彼らが払ってくれたわ。

　そして四人して、その辺りで一番近いホテルに向かって歩き出したんだけど、そのとき思わぬアクシデントが！

　なんと涼子さんのスマホに実家で独り暮らしのお母さんから電話がかかってきて、高熱が出て動けないと。今頼れるのは涼子さんだけだ、とにかくすぐ来てくれって。

「ごめんなさい。あたし、行かなくちゃ……」

　って言って、さすがの涼子さんも、お母さんの一大事にあたって戦線離脱しちゃったわけ。まあ仕方ないわよね。私も事情が事情だからって言って、「そういうわけだから、今日はあたしも帰るわ。また次の機会にね」と、彼らに言ったんだけど……。

「冗談じゃないよ、そっちからさんざんその気にさせといてさ！」

「そうだ、そうだ！　この際、あんた一人で俺らの相手してくれよ」

「うん、３Ｐか……いいねえ。さっきは大手企業勤めのＯＬ呼ばわりされて、いい気になってたみたいだけど、ほんとはあんたら二人とも、いい歳の人妻だろ？　とっくにお見通しだよ」

「そうそう、さんざんダンナとヤりまくってる人妻だったら、３Ｐくらいどうってことないだろ？　さあ、ホテル行って三人でハメまくろうぜ！」

なんて、とんでもない展開になり、私は二人に両脇をしっかりと固められる格好で、無理やりホテルに連れていかれちゃったのね。最初のあのにこやかな顔はどこへやら、激しい欲望にギラついた彼らの凶暴な目はあまりにも怖すぎて、とてもじゃないけど拒絶できるような雰囲気じゃなかったわ。

そして三人でホテルの一室に一歩足を踏み入れるや否や、彼らのケダモノの本性が露わになって……私はまるで引き裂かれるように着ているものを全部脱がされ、すっ裸にされちゃって。

「へえっ、もう三十近いわりにはキレイないいカラダしてるじゃねえか。胸もでかくて形だっていいし」

桐谷くんがそう言うと、坂口くんも、

「ああ、肌も白くてスベスベで美味そう！　わあ、俺もう立ってきちゃった」

と言いながら手早く服を脱いで全裸になり、言葉どおりに大きくビンビンに勃起したペニスを見せつけてきた。

「おいおい、俺だって負けてないぜ、ほらほら！」

すると桐谷くんもそう言って全裸になり、たしかに坂口くんの一・五倍はありそうな巨大勃起ペニスをさらけ出してきて……！

私はベッドの上でひざまずかされると、その左右に立ちはだかった彼らから、二本の勃起ペニスを顔に向かって突きつけられた。

「さあ、いっちょ人妻の濃厚なフェラテクを味わわせてもらおうかな」

「ねっとり、たっぷり、交互にしゃぶるんだぞ！」

二人に口々に言われるままに、私は必死でしゃぶったわ。

左右の手にそれぞれ二本のペニスを握って、桐谷くんの亀頭をねぶり回したあとは、すぐに坂口くんのを……坂口くんの裏筋を舐め上げたあとは、太い血管の浮いた桐谷くんのを……そして桐谷くんの陰嚢を口に含んでコロコロ、クチュクチュと転がし吸いしゃぶったあとは、坂口くんのを……。

「ああっ……すげっ！　やっぱスケべな人妻のテクはハンパねえわ……マジ気持ちいいぜ、これ！」

「うん……俺なんか、もうイッちゃいそうだもん……くあぁ……」

そして、そんな言葉を浴びせられながら、一心不乱に二本のペニスをしゃぶる私のアソコも……信じられないくらいに濡れ乱れ、溢れた淫汁が今にもシーツの上に滴り落ちちゃうんじゃないかと思うくらい……。

「おいおい、まだ先っちょも入れてないのにイクってか？　冗談だろ！　それじゃあそうなる前に特別におまえに先に入れさせてやるよ！　感謝しろよ？」

「サ、サンキュッ！　じゃあ、お先に！」

桐谷くんにそう促され、坂口くんは私を押し倒すと、先走り液を垂らしながらアソコに挿入してきて……ああっ、ほ、ほんとに三こすり半でイッちゃったあ！

するとすぐに、桐谷くんが苦笑しながら坂口くんを私の上からどけて、代わりに自分の力強い一撃をブチ込んできた！　す、すごい迫力ぅ！

「あひっ！　ひっ！　は、はあぁっ……す、すごいぃぃぃっ！」

「ああっ……アンタの締まり具合もなかなかのもんだぜ！　ううっ……まだまださあ、こっからが本番だ！　おらおらおらおらぁっ！」

それはもうものすごいピストンで、私は彼が射精するまでの間に、まるまる三回もイッちゃった。

こんなの味わえないで、お母さんの急病のお世話だなんて、涼子さんももったいないことしたわねえ。

■ボクはたっぷり三十分かけて、土手高でこんもりと黒く茂ったアソコを舐め回し……

スレンダーな妹とグラマーな姉…魅惑の姉妹どんぶり！

投稿者 畠山流星（仮名）／31歳／会社員

皆さんは『姉妹どんぶり』ってしたことありますか？　そう、姉と妹の両方を喰っちゃうっていう……まあ、男からしたら、なかなかヨダレが出そうな、たまらないHシチュエーションですよね？

それをボク、ついこの間、味わっちゃったんですよねえ。むふふふ……。

ボクの奥さんは、あかり（二十七歳）っていうんですけど、これがけっこう美人でいい女なんですよね。でも、まだ結婚する前、彼女の実家へご両親に挨拶に行ったとき、思わずたまげちゃいましたよ。姉のひかりさん（二十九歳）が妹に輪をかけて美人で、しかもスレンダーな妹に対して、形のいい豊乳が際立つメリハリのあるグラマラスボディときた日にゃあ……うわー、先にお姉さんと知り合っておくんだったー！と地団太踏んじゃいましたよ、ほんと。

結局、ボクとあかりから遅れること一年ちょっと、姉のひかりさんも結婚したんですが、相手は、しがない中小企業のサラリーマンのボクなんかと違って省庁に勤めるエリート官僚。しかも実家もかなりの資産家ということで、とてもじゃないけどボクなんて逆立ちしたって敵わない相手……いやはや、ひかりさんに相応しい相手だなぁと、しみじみ納得したものです。

その後、ボクとあかりの間には娘のきららが生まれ（現在二歳）、そのあまりの可愛さにボクもデレッデレ状態。家庭も円満で、平凡だけど至って幸せな結婚生活を送っていました。

それが、そんなある日、義姉のひかりさんから、突然ボクの携帯に連絡があったんです。折り入って二人だけで会って相談したいことがあるから、家まで来てほしいと。

義弟であるボクに相談したいことって何だろう？　子供こそまだできないものの、あかりさん夫婦はセレブ御用達の超高級マンションに住んで何不自由のない生活を送り、ダンナさんもとてもやさしくていい人だと聞いているし……ボクは少し首をひねりながらも、これまでまだ一、二回しか行ったことのない、ひかりさん夫婦の自宅マンションを訪ねました。

その日は土曜日で、ボクの妻のあかりと娘のきららは実家のご両親のところへ遊びに行って留守、ひかりさんのダンナさんは土曜出勤で不在ということで、ボクとしてはわりと気楽に訪問することができましたが、いざ、ひかりさんの相談ごとというのを聞くと、気楽どころか一瞬、パニック状態に陥りました。

実際、それは相談というよりも、ボクに対する懇願でした。

「流星さん、お願いだから、私のことを抱いてほしいの……」

「……！　えっ、ええっ⁉　だ、抱くって……お義姉さん、いったい何を言いだすんですか？　タチの悪い冗談はやめて……」

「冗談なんかじゃないわっ！　私、本気よっ！」

確かにこれ以上ないほどの真剣な表情でそう言いながら、応接セットのソファに座るボクの首っ玉にかじりついてきたんです。そして有無を言わせず、激しいキスでボクの唇をふさいできました。

「……んっ、んぐ、ぐふぅ……ううっ……」

「はぐっ、んぐっ、んじゅぷ、じゅるるぅ……」

そうやってさんざん、むさぼるようなキスを二分ばかりも続けたあと、ひかりさんはようやく唇を離して言いました。

「流星さん……あなたがいつもどれだけ、あかりのことを愛してあげてるか、本人の口からいやというほど聞いてるわ」

「えっ？　あ、愛して……あげてるか？」

一瞬、その言葉の意味をはかりかねたボクでしたが、続けて、

「あなた、結婚四年目の今でも、週に一回は必ずあかりとセックスするそうね。しかもおざなりな義務感からじゃなく、昔と変わらぬ情熱と欲望で……」

それは文字通り、夫婦の性生活を指す『愛』についての話でした。

ボクはどう答えていいかわからず黙っていましたが、

「あなた、毎回のエッチで必ず三十分以上、あかりのアソコを舐めてあげるそうじゃないの。ううん、アソコだけじゃない……オッパイだって、お尻の穴だって……その他、あかりが気持ちいいっていう場所はどこでも、じっくりと時間をかけて、あかりが心底満足するまで……ああ、うらやましい……！」

ひかりさんは身悶えしながら、悩ましげな声で言い続けます。

彼女の言うことはほとんど事実で……ただし、ボクとしては自分がしたいこと、そしてそれをすることであかりが悦んでくれることが嬉しくて、ただ当たり前にしていることなので、彼女がなぜ、ここまで狂的にそれを言いつのるのかがわかりませんでした。ひかりさんの話はまだ続きました。

「そして……いちばん肝心の本番も、流星さん、あなた、とても固くて太くて長い立

派なアレで、あかりが最低三回はイクまで衰えることなく持続することができて、絶対に自分が先にイッちゃうことはないって……それ、本当なの⁉」

さすがのボクにも、ひかりさんの言いたいことがわかってきました。

要は、今彼女が言い連ねた、ボクが普段当たり前にあかりに対してやっていることを、ひかりさんのダンナさんは何一つできないということ。

「……う、ううっ……エリート官僚っていえば聞こえはいいけど、実際にはその過酷な業務と過重なプレッシャーのおかげで、アレはまともに立たなくて……何とか二人ベッドに入ったとしても、私のことを愛するだけの体力も気力もついてこなくて、最終的に私が手で無理やりヌイてあげて、はい終わり……も、もう……そんな夫婦関係に耐えられないの！　私だって女として満足させてほしいのっ！」

感極まったように、そう言って涙ぐむひかりさん。

ボクはその思わぬ事実と本当の心情を知り、彼女のことがとても気の毒になり……そして、これまで義姉ということで無理して抑えつけてきた彼女に対する男としての欲望が、堰を切ったように噴き出してくるのが自分でもわかりました。

「……ね、おねがい！　妹にいつもやってあげてるように、私のこともとことん愛して……オンナの悦びを、私にもちょうだい！」

「……ひ、ひかりさんっ……！」

ボクは真正面からそう応えると自ら服を脱ぎ、続いて彼女のことも裸にしました。

「ボクでよければ、とことん、愛させてもらいますっ！」

「……ああ、あぁぁ～～～～ん！　嬉しいっ！」

ボクは彼女がさっき、妹のあかりにかまけて言葉にして欲したように、まずその豊かな胸にすがりつき、白く柔らかな肉房をこれでもかと揉みしだきながら、少し黒ずみ加減の、でも小粒で可愛らしい乳首を唇に含み、チュパチュパ、レロレロと味わいまくりつつ、執拗に快感を送り込みました。

「あん！　はぁっ……あっ、あ、あっ……いい、いいのぉ～～～～っ！」

そして続いて、お望みどおりたっぷり三十分かけて、土手高でこんもりと黒く茂ったアソコを舐め回し、内部の柔肉を奥までえぐり掻き回していきました。蟻の門渡りに沿って舌を滑らせ、アナルも時間をかけて責め愛撫することも忘れません。

「ひ、ひあぁぁっ……んくはぁっ！　ああん、いいっ、最高に感じるわぁ！」

当然、こちらもすっかり興奮してアレを固く大きく膨張させていましたが、ボクが促すまでもなく、ひかりさんはソレに自ら進んで取りすがり、盛りのついたメス犬のような貪欲さでしゃぶり立ててきました。その淫らに輝く顔は、ようやく『本物のオトコ』を味わえる喜びに満ち溢れていました。

そのうちボクも完全臨戦態勢となり、ひかりさんの両脚を大きく開かせると、その中心の濡れた秘穴目がけて、燃えた火箸のように固く熱い肉塊を突き立てました。

「あはっ！　あ！　……んあぁっ、あひっ！　す、すごいぃ……こ、これが、本物のオトコなのねっ……はぁっ……イ、イクぅっ……！」

ボクはまず一回目の絶頂を迎えた、ひかりさんのとろけた秘肉の感触を楽しみながら、さらに抜かずの二撃目、三撃目……と、続けざまに彼女を絶頂に導いていきました。その後、最後にボクが発射しようとすると、彼女は進んでモノを咥え込み、大量の白いほとばしりをゴクゴクと飲み下してくれたんです。

ひかりさんが悦んだのはもちろん、ボクのほうも妹のあかりとはまったく違う味わいの姉の媚肉の妙味を堪能し、もう大満足！

この先も、ひかりさんがもしまたお望みとあれば、この姉妹どんぶりのたまらない快楽を、少しでも長く味わいたいと願うボクなのです。

■まるで何か別の生きもののように妖しく激しくうごめく舌に、クリトリスを……

華やかなパーティーの裏側で味わった女同士の禁断快感！

投稿者　菅原真理（仮名）／30歳／服飾デザイナー

まあまあ有名なアパレル・ブランドで、デザイナーとして働いています。夫も同じ業界の人で、某デパートで女性服売り場のバイヤーをしています。

私のところはここ数年、コロナ禍もあって業績があまりよくなかったため、お給料は下がるわボーナスはないわでなかなか厳しかったのですが、この秋に出したパンツの新ラインがかなりヒットして、ようやく明るい兆しが見えてきたということで、久しぶりのボーナスが出た上に、業界関係者を招いて景気づけのクリスマス・パーティーを催すことになりました。

会場はまあまあハイクラスなホテルの大広間で、当日、私も目いっぱいドレスアップして、夫と二人連れ立ってパーティーに参加しました。

当然そこで、招かれた百人近い、さまざまな業界関係者の方々と挨拶を交わすわけですが、中に一人、会場内でもひときわ目を引くセクシー&ゴージャスなドレスを身にまとった、あの叶姉妹顔負けの美しくグラマラスな女性がいました。おそらく私より少し上の三十代半ばくらい……回りから漏れ聞いた話だと、うちの商品を大きく展開してくれている、某セレクトショップの社長夫人とのことでした。

もちろん私も、自分がデザインした商品を贔屓にしてくれている上得意様ですから、ご挨拶させていただいたのですが、なんていうかその……私のことを見る彼女の目に、特別熱く激しいギラつきのようなものを感じたのです。まるで……そう、まるで女豹が舌なめずりしながら、今にも獲物に飛びかからんとするかのような……。

そして、私が受けたそんな印象は、あながち勘違いでも自意識過剰でもなかったようで、その後もパーティーの間中、私が他の人と談笑していても、ふと気づくとほぼ必ずと言っていいほど、熱い視線をこちらに向けている彼女がいたんです。

言っておくと、もちろん私はノーマルなセクシャリティの人間で、恋愛対象はあくまで男性であり、夫のことをこよなく愛する妻なのですが、あんな魅力的すぎる女性から絶え間なく尋常じゃない熱視線を注がれると、何とも言えず妙な気持ちになってきちゃって……カラダの中心部分がゾクゾクとおののくような、なんとも性的な感覚を覚えるようになってしまっていました。

（ふーっ、なんだか体中がカッカッと火照ってきちゃう……ちょっとトイレでアタ

マ冷やしてこよう）

そう思った私は、夫にひとこと言いおいて、一人、大広間外にあるトイレへと向かいました。そこは全面大理石張りのさすがにゴージャスな造りで、ちょうど他に誰も利用者がいなかったのもあり、私は心おきなく壁一面を覆う大きな鏡に向かって化粧直しをし、そのあと一番奥の個室に入ると用を足しました。そしてようやくカラダの火照りも収まり、気分も落ち着いてきたところで乱れたドレスを整え、ドアを開けて外へ出ようとしたところ……、

「うふ、み〜つけたぁ！」

満面の笑みを浮かべながら、目の前にはなんと例の彼女がいて、外へ出ようとする私を問答無用で逆に中へ押し戻してきたんです！

「……え、え、あ、あの……っ？」

驚き、うろたえる私に対して、彼女は平然とドアを閉めてロックすると、片手で私のアゴを持って気持ち上向かせ、舌なめずりしながら顔を近づけてきて……ねっとりと唇を重ねてきました。そしてチュウチュウ、ピチャピチャと吸い、舐め回しながら、そのうち私の唇を割ってニュルンと口内に舌を滑り込ませてきて。

「……んっ、んふぅ……ううっ……！」

抵抗するどころか、私は完全にヘビに睨まれたカエル状態で、ニュルニュルと彼女に舌をからめとられ、ジュルジュルと唾液を啜り上げられながら、頭の中が真っ白になるような恍惚状態にひたっていました。

「はぁ、はぁ、はぁ……あなたのキス、とってもおいしい……全部飲んじゃおうっと」

彼女はそう囁きながらさらにバキューム力を上げて激しく啜り上げ、その甘美すぎる感覚に、ますます私は意識を飛ばしてしまいます。

そして彼女はようやく私から唇を離すと、ドレスの上からカラダをまさぐり回してきました。乳房を、腰回りを、お尻を、そしてアソコから太腿を……。

「うふふ、これだからアタシ、パーティーって大好き！　女は皆、自分をよりセクシーに魅力的に見せようと、美しいドレスラインが崩れるのを嫌って、大抵下着を着けてないものね。ほら、あなたのなめらかで柔らかいオッパイの感触がこんなに直に……あん、たまらないわ！」

「んあっ、はぁ、あ……あぁん……」

どうにも気持ちよくて、思わず私の喉からも喘ぎがこぼれてしまいます。でも、さっきは幸い外に誰もいなかったものの、いつ誰にこの恥ずかしい声を聞き咎められやしないかと思うと無理やり自制せざるを得ず……ところがどっこい、その緊張感が逆に余計に快感と興奮を煽ってしまうという……ジレンマ状態に陥ってしまうのです。

「さあ、お互いのカラダを心ゆくまで楽しみ合いましょっ……！」

彼女はそう言うと前から私に抱きつき、当然自らもノーブラ&ノーパンの官能的感触溢れる肉体を、薄いドレスの生地越しに押しつけ、カラダ全体でむさぼるように激しく動かしてきました。

「あん、はぁ、あっ……んあぁぁ……」

体中の性感がどんどん高まり、快楽のエネルギーが爆発してしまいそうです。

そしていよいよ彼女の手がドレスの内側に忍び込み、私の肌に直接触れ、乳房を揉み回し、乳首を摘まみよじり……さらに、もうすっかり濡れしたたってしまっている股間の秘肉の中へと長くしなやかな指先が侵入してきました。

もう、私のほうもじっとしていられませんでした。

彼女のドレスの内側に手を入り込ませると、お返しとばかりにその魅惑の肉体を直にまさぐり回し、敏感な部分を刺激してしまっていました。

「……んあっ、はぁ、あん……いい、とってもいいわぁ……」

彼女はそう言いながら、いきなり便座の上に腰を下ろすと、前に立ったままの私のドレスの裾をたくし上げ、あらわになった濡れた股間に吸いついてきました。その、まるで何か別の生きもののように妖しく激しくうごめく舌に、クリトリスを、ヴァギナの肉ひだを翻弄され、私はあまりの気持ちよさに狂ってしまうのではないかと思ってしまったくらいです。

　そうやって入念に一回イかせてもらったあと、私も彼女に教えられるまま見様見真似でその下半身を愛してあげて……つたないながら、一生懸命のがんばりに満足してもらえたようです。

　あとで聞いたところによると、彼女は実はご主人公認の超美人バイセクシャルとしてこの業界では有名で、その誘惑の毒牙にかかった結果、すっかりハマってしまい、ノーマルから闇落ちしてしまった人も多数とのうわさでした。今日、私は一発で彼女に気に入られロックオンされ、まんまと獲物になってしまったわけですが、たしかに、男とはまた全然ちがう気持ちよさは格別で……この先どうなってしまうか、自分でも自信がないんです。

■彼は驚くほどの熱心さとテクニシャンぶりで私の唇をむさぼり、舌をからめ吸い……

夫の実家への年末帰省で味わった『友情の証』SEXの衝撃

投稿者　西岡美帆（仮名）／25歳／パート

先だっての年末年始、初めて夫の実家に帰省しました。

三ヶ月前に結婚したばかりの私にとって、義父母の家で暮れとお正月を過ごすというこの行事は、これから毎年繰り返されるであろう、嫁としてのルーティン・ワークの初めの一歩というわけです。

でもまさかそこで、あんなことが自分の身に起きようとは……。

それは私と夫が向こうに着いた翌日の十二月三十日のこと。

翌大晦日には二人兄弟である夫のお兄さんが奥さんと幼稚園児の息子を連れて帰ってくるということで、最後の総仕上げというかんじで、大掃除から料理の準備からその他もろもろ、義父母と私と夫の四人総出で大わらわでした。

そしてある程度、大方の作業が終わった午後三時頃、夫の運転で義父母を乗せて、三十分ほど行った先にあるショッピングセンターに年末最後の買い出しに行くということになりました。

「じゃあそういうことで美帆さん、留守番がてらお料理の下準備とかお願いね」

「はい、わかりました。どうぞお気をつけて」

姑から、ぼーっと留守番だけしてるんじゃないわよ！（笑）的な指示を受けて皆を送り出したあと、私は言われたとおり下準備をすべく、台所に立って冷蔵庫から食材を取り出そうとしました。

すると突然、背後から男性の声が語りかけてきて、私は一瞬、心臓が止まるかと思ってしまいました。

「よお、こんちは！　あんたが啓介（夫の名前です）の嫁さん？　へえ、写真で見るよりずっとキレイじゃん！」

「ど、ど、どちら様ですか？　お、夫のお知り合い……？」

相手が意外にもフレンドリーな笑顔のさわやかイケメンだったため、なんとなく気持ちが緩み、私はわりと早く落ち着きを取り戻しつつありました。

「そ、お知り合い……ってゆーか、もう小学校から二十年来の悪友？　潤平っていいまーす！　奥さん、はじめまして！　よろしくね」

話を聞くと、事前にＬＩＮＥで夫から帰省する旨を知らされた潤平さんは、いきなり家に来てびっくりさせてやろうという魂胆だったらしいですが、あいにくと間が悪かったようでした。ちなみに義父母とも昔から顔なじみだそうで、姑からは「ジュンちゃん」と呼ばれてるそうです。

「仕事の関係で結婚式には行けなくてゴメンね！　まあ代わりと言ってはなんだけど、今日は心を込めてお祝いしちゃうよ！」

彼は相変わらずニコニコしながら、でもジワジワと私ににじり寄ってきました。

「え？　お祝いって……あの、夫ならあと二時間は戻ってきませんけど……また機会を改めて来ていただければ……」

私は潤平さんの意図がわからず、とにかくそう言って帰ってもらおうとしたのですが、次に彼は思いがけない行動に出てきました。

なんと片手で私の口を押さえて声を封じながら、もう片方の手で私の腰を抱いてグイッと引き寄せ、体を密着させてきたんです！

「……んっ、んぐふ、う、うぐぐ……」

「おっ、見た目よりもずっと肉付きのいい、セクシーな体してるじゃん！　いいねえ〜！　こりゃ抱きごたえがあるってもんだ」

彼はそう言うと私の口から手を離しましたが、間髪入れずキスでふさいできたものだから、私は声をあげる隙もありませんでした。

それから彼は、驚くほどの熱心さとテクニシャンぶりで私の唇をむさぼり、舌をからめ吸い、お互いの唾液を混ぜ合いやりとりし合って……その未だかつて経験したことのない濃厚な官能溢れる恍惚感に、私は次第に意識が遠のき、陶然としてきてしまいました。それでもう私が大声をあげたりしないと判断したのでしょう。彼はようやく唇を離すと、こんなことを話し始めました。

「俺と啓介って、ほんと昔っから仲がよくってさ、お互いに気に入ったものは何でも分け合ってきたんだ。食べものでも、ゲームでも、マンガでも……そしてもちろん、オンナもね」

「……あ、あああん……」

潤平さんは、甘く朦朧としている私のセーターとブラウスの中に手を差し入れ、ブラジャー越しにムニュムニュと胸を揉みしだきながら、さらに言葉を続けました。

「でもまあ、さすがのヤツも、まさか自分の嫁までそうしようとは思ってなかっただろうけど、それじゃあ俺のほうが納得できない。互いに気に入ったものを公平に分け合うのは、俺にとってはヤツとの友情の証なんだよな」

いつの間にかブラが外され、ナマ乳に彼の手が触れ、自分でももう固く尖っているのがわかる乳首を、コリコリ、クニュクニュと摘まみこね回してきます。

「んあっ、ああ、はぁっ……ああん……」

「ってことで奥さん、今日はそんな友情の証と、俺なりの結婚のお祝いに、たっぷりと可愛がってあげちゃいますよ！」

　潤平さんは高らかにそう宣言すると、私を台所の隣りにある畳敷きの八畳の居間に連れていき、仰向けに寝かせました。そして服を脱がせると、自分も裸になりました。

「うほっ、色白のきれいな肌に、豊満でメリハリのあるボディ……おまけに切れ長の目の和風美人ときた日には、ほんと奥さん、これまでの啓介の好みのタイプの中で、アンタ最強だよ！」

　そう言う彼の股間のモノは、もう恐ろしいほどの勢いで勃起していて、大きく張り出した亀頭が隆々と天に向かっていきり立っていました。

「さて、どうかな、奥さん？　俺のペニスのサイズ、啓介の軽く倍近くはあるだろ？　もちろん知ってるさ。昔から『同じ釜の飯』ならぬ『同じ女のマ○コ』をいっしょに食べてきたんだから。で、俺と啓介に同時に愛された女はあとで必ず言うんだよな。俺のほうが何倍もよかった、って」

「ああっ！　ひ、ひぃ……っ、んあぁぁっ！」

潤平さんの極太のペニスが荒々しく突き入れられ、肉ひだの中を深く激しくえぐられたとき、私は夫とのセックスのときとは比べものにならないその強烈な快感に、思わず突き抜けるような絶叫の声をあげてしまいました。

「おーっと、もっと抑えて抑えて……そんな声出されたんじゃ、さすがにご近所さんに聞こえちゃうよ。まだ時間はたっぷりあるんだ。じっくり、みっちり楽しもうよ、奥さん。ね?」

「ああ、はぁ……あ、あああぁ……」

耳元で囁く潤平さんの声を子守歌に、揺りかごのように大きく、ゆったり、そして深く深く愛されながら、私は何度も何度も絶頂の悦びを味わっていました。

そして夫たちが戻ってくる予定の三十分ほど前、潤平さんは帰っていきました。

「奥さん、このたびは本当におめでとう！　今回の年末年始では俺と会えないかもしれないけど、啓介にはこう伝えといて」

帰り際、私にこう言い残して。

「俺たちの友情は永遠に不滅だよ、ってね」

■乳房を伝い下りた滑った感触が、アタシの乳首をとらえヌルヌルとからみつき……

息子の家庭教師大学生と耽る昼下がりの暗闇快感プレイ

投稿者　渡千波（仮名）／34歳／専業主婦

「純くん、いま小四でしょ？　私立中学のお受験させるんなら、もう今から手を打っとかなきゃだめよ、塾でも家庭教師でも」

という主婦友の忠告を受けて、まあ今どきそれもそうかなと、知り合いのツテを頼って現役T大生のアルバイト家庭教師を頼んだわけだけど、それが運のツキ。

まさかこんなイケナイ泥沼にハマっちゃうことになるなんて……！

去年も五人の小学生のアルバイト家庭教師を引き受けたという彼、沼田くんは、その五人全員を名門私立中に合格させた凄腕というふれこみで、どんだけガチガチのカタブツ秀才男かと思いきや、初めて会ったとき、あんまりオシャレな今風イケメン男子だったもんで、もうびっくりしちゃった。

「僕はいまT大二年生だから、今から純くんの勉強見させてもらえれば、卒業までの二年後には超一流の名門私立に入れてみせますよ」

と、おまけにそのイケメンで微笑みながら、自信満々な口ぶりで言われた日には、アタシったらもうウットリ……「はい、ぜ～んぶお任せしますぅ！」って心酔した挙句、まさかあっという間に自分のカラダまで任せることになっちゃうとは、さすがに我ながらもうビックリよ。

そう、彼、沼田くんは家庭教師として一流であるばかりでなく、その男としての魅力で生徒の母親までも篭絡して、より自分に有利なギャラ交渉をするという一流の商売人プレイボーイだったというわけ。おかげでまんまとアタシも当初予定してた三割増しのギャラで契約させられちゃった。

でも、その価値は大あり！

彼の指導のおかげで、息子・純の学校の成績が見る見る上がっていくのはわかったし、あと何といっても、とにかくそのセックスがサイコーなの！

アタシの夫はいま三十九歳なんだけど、最近てんで夜のほうはダメで、もうここ半年ばかりうちは完全なセックスレス状態。そんな悶々とした欲求不満状態だったこともあって、アタシは沼田くんの若さあふれるパワフル&テクニカルなセックスにイチコロになっちゃって……。

実は昨日も沼田くんの家庭教師の日だったんだけど、今思い出してもアソコが濡れてきちゃうくらい、そりゃもうよかったわ。

「よし、純くん、今日もよくできたね。じゃあ先生とお母さんは、これからちょっと話し合いをするから、純くんは自分の部屋で好きなゲームをしてていいよ。終わったらまた声をかけるから」

「はい、先生、わかりました！　やったー」

いまや沼田くんのことを完全に信頼しきってる息子は絶対服従状態で、このあと一時間は言いつけを守って自室から出てくる心配はなし。

息子の部屋がある二階から下りてきた沼田くんの手を引き、アタシは夫婦の寝室へと向かい、いつもの調子で流れるように服を脱ぎ、二人とも全裸になる。お互いに事前にシャワーを浴び体を洗ってきているので、ムダな時間のロスはない。

昼日中から、夫婦のダブルベッドの上で彼と抱き合ってると、いつもながらその背徳感にゾクゾクと心地よく身震いしちゃう。

と、沼田くんがこんなことを言いだした。

「当然だけど、いつも明るい昼間のエッチでちょっと飽きてきませんか？　たまには夜のような闇の中で楽しみましょうよ」

え、どういうこと？　と思っていると、彼がごそごそと取り出してきたのは黒いアイマスク。アタシにそれをつけさせてセックスしようというわけね。

「ふ〜ん……それもおもしろそうね。いいわよ」

初めての経験だったので、アタシも興味津々。

彼にアイマスクを着けてもらうと、思った以上にそれは分厚くしっかりとした生地でできていて、覆われた視界にはほんの少しの光も入らず、ほんとに夜の闇の中みたいだった。

いつもと違う感覚が、新鮮な興奮を呼ぶ。

いま、彼がどこにいるのかわからない……と思って身構えていると、いきなりうなじにヌルリと湿った感触を覚え、電流にも似た甘美な衝撃が走る。

「……んあっ、ああ！」

アタシのうなじを舐め上げているであろう彼の舌は、そのままいやらしいナメクジのように這いずって、首筋から鎖骨を越えてアタシの胸のほうにジワジワと移動してきて……。

「あっ、ああん！　はぁっ、ああ……」

乳房を伝い下りた滑った感触が、アタシの乳首をとらえヌルヌルとからみつき、たっぷりと唾液を含んだ唇がチュウチュウと吸ってくる。ああ、いつもやってもらってることなのに、見えないだけでこんなに新鮮な快感を覚えるなんて……！

そうやってしばらく感じ悶えていると乳首への感触が消え、一瞬の空白状態がアタシを襲う。

え、いまどうなってるの？　沼田くん、何してるの？

アタシがとまどっていると、いきなり口に熱く固くたぎるものが押しつけられてきて……ああ、もちろん、すぐに彼の肉棒だということがわかる。ガチガチに勃起して、大きく反りかえった、いつもの魅惑の姿が脳裏に浮かび、がぜんアタシの欲望テンションは爆アガリしちゃう！

「んっ……んぐっ、んぶぅ……んじゅ、んじゅぶっ……」

眼前に仁王立ちしてるだろう彼の前にアタシはひざまずき、無我夢中でその肉棒をしゃぶりまくる。そうしてる最中にも、アタシの口内でソレがますます激しくいきり立ってくるのがわかり、アタシのアソコも反応しまくり、したたり溢れたマン汁でベッドのシーツがグジョグジョに濡れちゃうほどの大洪水だ。

アタシはもうどうにもガマンできなくなってしまい、恥も外聞もなく懇願しちゃう。

「……あぁ、はぁ……このすごいオチン〇ン、もう欲しくてたまらないの！　早く、早くちょうだい！　アタシのオマ〇コに突っ込んでぇっ！」

すると、アタシのカラダはいきなりものすごい力でベッドに押し倒され、両脚を大きく左右に広げられたかと思うと、続いてそこにズブリと肉棒の感触が……！

「あひ！　ひっ、ひい……あぁん、あふ、んあっ……ああっ！」

インサートした肉棒はそのまま激しいピストンを繰り返し、ズンズンとアタシの濡れた奥底を突き貫いてくる。いつもと違ってただ見えないというだけで、そのまるで見知らぬ相手から暗闇で犯されているような、被虐的な快感ときたらどうだろう！　これまでの何倍も感じちゃうみたい……。

「あふぅ……だ、だめ……もうイクッ！　あっ、あ～～～～ん！」

アタシは訪れた絶頂に悶絶しながら、腹部に沼田くんが放った熱いほとばしりが飛び散るのを感じていた。

数分後、何事もなかったかのように身繕いしたアタシと彼は、二階にいる純を呼びにいった。彼は「じゃあ純くん、またね」と言って帰っていった。

純のお受験まであと二年……超一流私立中の合格をゲットしつつ、こんな最高の快感を楽しめるなんて……マジ、サイコーの泥沼じゃない？

■タプンタプンと揺れ下がる乳房を彼が揉み回しながら、乳首を吸いしゃぶって……

むかし引き裂かれた彼との再愛の炎に焼き尽くされて！

投稿者 広瀬すずこ（仮名）／31歳／パート

その瞬間、私は自分の目が信じられませんでした。

でも、改めてもう一度、その顔を見てみて、確信しました。

彼は、浅野啓太（仮名）。

私がこれまでの人生でいちばん愛し、でもやむを得ない事情で、泣く泣く別れざるを得なかった男。

これを運命の巡り合わせと言わずして、何と言うでしょう？

啓太とつきあっていたのはおよそ十年と少し前。

高校の同級生だった私たちは、それまでお互いに少なからず好意を抱き合っているのをわかりながら、でも最後の一歩が踏み出せず言い出せないまま……ようやく卒業式の日に想いを伝え合い、交際が始まりました。

彼は地元の国立大学に進学し、私は他県の私大へ。まあまあの遠距離恋愛でしたが、お互いを愛し合う強い想いはまったく揺るがず、二人で「大学を卒業したら必ず結婚しよう」と固く誓い合っていました。

ところがそこで、予想だにしない悲劇が起きました。

彼の父親が経営する建設会社が多額の負債を抱えて倒産し、彼ら家族は逃げるように、遠く離れたよその土地へ移らなくてはならなくなってしまったのです。

「ごめん、これからは僕が父や母、弟妹を支えてあげなきゃいけない。ここですずこと一緒になることはできない……どうか元気で、幸せになってくれ」

そう別れを告げてきた彼に、私は泣いてイヤだと取りすがりましたが、「俺と一緒にいると、この先絶対苦労するから」と言って頑として翻意してくれず、また私の両親も同じように「啓太くんのことは忘れたほうが、おまえのためだ」と言い……結局、私は彼への愛を貫き通すことができず、悲しい別離を迎えたのです。

その後、彼とその家族の所在は杳として知れず、私は傷心を引きずったまま、親の勧めで二十五歳のときにお見合いをし、そこに愛はないものの、真面目でやさしい銀行員の男性と結婚しました。その後彼は地方の支店に転勤となり、私ももちろん同行、現在は新天地で平凡なパート主婦として日々、がんばっているところでした。

そしてある日の朝、早番勤務だった私が職場のスーパーに出勤し、参加した朝礼で新店長として紹介されたのが、なんと啓太だったのです。

新任の挨拶をしながら、彼のほうも私の存在に気づき、動揺のあまり一瞬言葉に詰まって、場に怪訝な空気が流れましたが、なんとか平静を取り戻した彼が挨拶をまとめ、その場は収まりました。

でも一方の私は平静でなどいられず、爆発しそうに高鳴る自分の鼓動をおさめることもできませんでした。仕事の合間に彼をつかまえ、二人きりになったところでその胸に顔を埋めて泣きながら詰問すると、時間もあまりなかったので、手短に説明してくれました。

あの別れのあと、移り住んだ土地で彼の両親、そして彼自身も死に物狂いで働き、その甲斐あってか、決して少なくない数の支援してくれる存在に恵まれて、どうにか負債の返済にめどがついたということでした。そこで彼はようやく、自分自身のために地道に堅実に働こうと、このスーパーの系列店にアルバイトとして勤め始め、そのがんばりと能力が認められて正社員として登用され、さらに今回店長に昇格し、ここへ赴任してきたのでした。

「そう……本当にがんばったのね……ああ、会いたかったわ……」

「俺もだ。もう何度、すずこのことを夢に見たことか……」

啓太は昔より多少痩せたものの、変わらずかっこよくて、私は自分の胸の中に再び彼への熱い想いの炎が燃え上がるのを感じていました。なにしろそんなわけで、彼は結婚などできるような余裕もなく、未だに独身だったのです。

「啓太の家に行きたい。誰にも邪魔されずに二人きりになりたい！」

私が、彼が一人住まいをするアパートに行きたいと訴えると、彼は、

「だめだよ、すずこには立派な銀行員のダンナさんがいるんだろ？　裏切るようなことしちゃいけない。俺もがんばってそうするから……頼む、お互いの過去はもうきれいさっぱり忘れよう、な？」

と、苦しそうな顔で言い、でも私は絶対に受け入れられませんでした。

「そんなのいやよ……お願い！　じゃあ一度だけでいい、私の望みを叶えてくれれば、啓太のこと忘れるから！　ね、ね、ね⁉」

そう必死の思いで懇願し、何とか首を縦に振らせることができたのです。

私は彼の休みの日を聞き、自分の休みもそこに合わせました。

そしてその日、私は夫を勤めに送り出すとすぐに身支度をし、啓太のアパートへと向かいました。着いたのは、まだ朝の通勤通学の人々が道を行き交う、午前八時すぎでした。もう、彼との逢瀬の一分一秒が惜しかったのです。

「おはよう……」

私の来訪を受けて彼がドアを開けた途端、私は靴も脱がないままに抱き着き、彼の唇をむさぼるようにキスしました。

「……んっ、んんぅ……うぐっ……」

「んんん……うっ……ぷはっ！　ああ、啓太、好き、好きよ、今でも大好き！」

私がそう言いながら執拗に唇を吸い立て、舌をからめてジュルジュルと唾液を啜り上げると、最初はためらいがちだった彼のほうも次第に昂ってきたようで、私を抱く手にも力がこもり、激しく吸い返してくれるようになりました。

「ああ、すずこ、すずこ……会いたかったよ！」

彼と抱き合いキスしたまま、何とか三和土で靴を脱ぐと、私たちはもつれ合うようにして奥の六畳間に向かい、そこへ倒れ込みました。窓からは朝の爽やかな陽射しが差し込み、そんなまばゆいばかりの光の中、私たちはお互いの服を脱がし合い、とうとう二人とも全裸になりました。

仰向けになった彼の上に私が覆いかぶさると、タプンタプンと揺れ下がる乳房を下から彼が揉み回しながら、チュバチュバと乳首を吸いしゃぶってきました。

「んあぁっ！　あん、はぁっ……ああ、いい、いいわ、啓太ぁ！　もっと……もっ

と激しく吸ってぇっ！」

「……んんっ、ふぅ……ああ、すずこ、おっぱい美味しいよ……」

そう言いながら、まるで私の体を持ち上げようとでもするかのように、固く大きくなった彼の股間のモノが、力強く立ち上がってくるのがわかりました。

「ああ、啓太のオチン○ン、しゃぶらせてぇっ！」

私はそう叫んで体を下にずり下げると、勃起した彼のモノに取りすがって咥え、舐め回し、吸いしゃぶり立てました。その先端からジワジワと透明な汁が滲み出てくるのがわかり、私はそれを啜り上げました。

「あ、あぁっ……す、すずこのも味わいたいよぉ……」

彼はうめくようにそう言うと体勢を変え、私たちはシックスナインの格好になってお互いの性器をむさぼり合いました。ジュルジュル、ペチャペチャ、グチュグチュ、ヌチャヌチャと、双方の秘部が奏でるあられもない音が、明るい部屋の中に淫靡に響き渡り、もう二人の興奮と昂り、そして欲望は最高潮です。

「ああ、すずこ！　もうガマンできない……すずこのオマ○コに、俺のチ○ポ、入れるよっ！」

「……んあぁっ……き、きてぇっ！　私のオマ○コの奥の奥まで突きまくってぇ！」

二人の嬌声が高らかに響き、からみ合い、私たちはついに一つになりました。

いきり立った彼の性器がズブリと私の肉壺をえぐり、ただれたビラビラを掻き回しながら、ズンズンと奥まで突き貫いてきて……私は彼の腰に両脚を巻きつけ、ギュウギュウときつく締めあげながら、叫んでいました。

「ああん、いいわぁ、啓太ぁ！　もっと……もっとよ！　もっといっぱいちょうだい！　もっといっぱい愛してぇっ！」

「んあぁ、すずこぉ……ああっ……！」

結局そうやって、私と啓太は朝の八時すぎから夕方五時近くまで、お昼ごはんも食べずに愛し合い、ハメ狂って……さすがに終わったときにはもう二人ともヘトヘト、互いの体液を放ち尽くしてカラカラ状態でした。

そしてこれを、俗に言う『寝た子を起こす』とでもいうのでしょうか？

再燃した愛のるつぼにハマり込んだ私たちは、一回だけという約束もどこへやら、その後も密かにイケナイ逢瀬を続けているというわけなのです。

人妻手記
私に極上の快感をくれたのは夫ではないあの人……絶頂不倫体験を告白します！

２０２２年１２月２６日　初版第一刷発行

発行人　後藤明信
発行所　株式会社　竹書房
〒102-0075　東京都千代田区三番町８－１
三番町東急ビル６F
email：info@takeshobo.co.jp
ホームページ：http://www.takeshobo.co.jp
印刷所　中央精版印刷株式会社
デザイン　株式会社　明昌堂
本文組版　ＩＤＲ